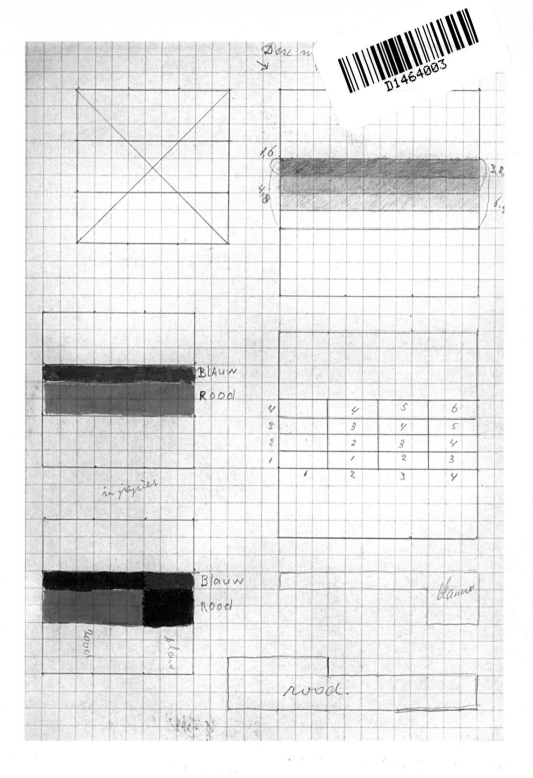

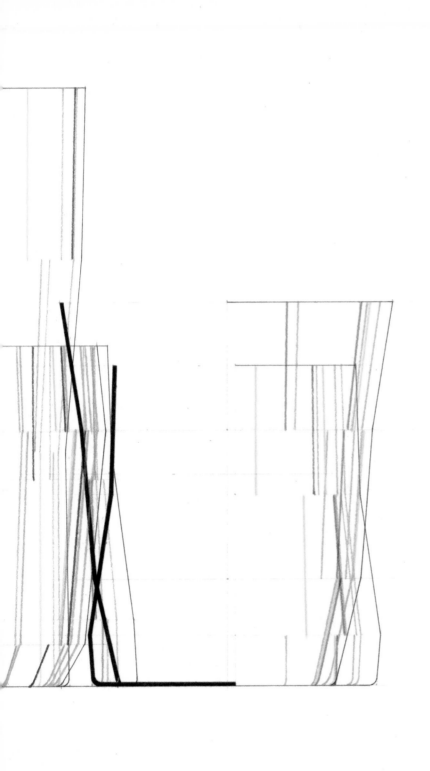

ZUIDERZEEMUSEUM
enkhuizen

EMMY+ GIJS+ ALDO

Jan Boelen

010 Publishers, Rotterdam 2010

Inleiding

Wat zou er gebeuren als ik de melkkan van Aldo zou afwassen met de afwasbol van Gijs. Is er verwantschap tussen het werk van vader en zoon? Deze gedachte kwam bij me op met mijn handen in het sop. Toeval of niet, de volgende dag belde Aldo me op met de vraag een tentoonstelling te maken over het werk van zijn moeder, vader en hemzelf: Emmy + Gijs + Aldo.

Het werd de eerste keer dat ik stilstond bij de mogelijke relatie tussen het werk van de drie ontwerpers/familieleden. Op zich vind ik verwantschap geen uitgangspunt om een discussie over vormgeving te starten, maar het werk van Emmy (1930-1984) was voor mij nog onbekend terrein en het intrigeerde me dat Aldo (1971) en Gijs (1942) zelf om dit project vroegen. Als zij dit zelf willen, dan is er misschien toch een 'genetisch' of ander verband dat relevant kan zijn. Over deze mogelijke verwantschap van zijn werk met dat van zijn ouders had ik met Aldo nog nooit gepraat, ook al voeren we regelmatig heftige discussies over vormgeving als collega's aan de Design Academy in Eindhoven. Het vergelijken en positioneren van vormgevers in het complexe vormgevingslandschap vind ik fascinerend. Designers als critici, als performers, als iconen. Het zijn stuk voor stuk interessante fenomenen van deze tijd die telkens de definitie van design oprekken. Emmy, Gijs en Aldo in dat landschap plaatsen vond en vind ik nog steeds een moeilijke opdracht. Elk adjectief om hen te beschrijven doet hun werk tekort. Bovendien was de opdracht voor het project ruimer. We moesten niet alleen naar de drie individuen kijken, maar ook naar de relaties tussen hen onderling.

Na gesprekken met assistent curator Evelien Bracke hebben we samen het uitgangspunt 'ontwerpproces - object - gebruik' gekozen als structuur om een selectie te maken uit de vele objecten. Het werd ook het kader voor het boek, de tentoonstelling en de film. De inspiratiebronnen van Emmy, Gijs en Aldo zijn nog nooit in een boek gegoten, evenmin als hun ontwerpschetsen en de ontstaansgeschiedenis en context van het werk. Het is precies op deze gebieden dat de verwantschap tussen de drie ontwerpers zichtbaar wordt. Het onderzoek, het werken in series, de verschillende vormen van samenwerking, het belang van de lijntekening, de noodzaak en de verwondering zijn betekenisvolle aspecten in hun werk, die we met dit plakboek proberen te verbeelden. Naast drie beeldessays, waarin telkens één centraal object van de vormgevers in een ruimere context wordt geplaatst, tonen we enkele sleutelobjecten uit het rijke oeuvre. Het concept van het plakboek, bedacht door grafisch ontwerper Geoffrey Brusatto, sluit niet alleen aan bij de methodiek van de ontwerpers, maar gaf ons tevens de vrijheid om het beeldmateriaal associatief te gebruiken. Het gebruik, de manipulatie, en de relatie van de objecten tot het menselijk lichaam worden getoond in de foto's, die zijn gemaakt door regisseur Rik Zang tijdens de filmopnames. Aan u de uitnodiging om met ons verbanden en verschillen te ontdekken.

Jan Boelen   08

Introduction

What would happen if I were to wash Aldo's jug with Gijs' dish washing mop? Is there a relationship between the work of the father and the son? This idea came to me when I had my hands in the suds. Coincidence or not, the next day Aldo phoned to ask me to make an exhibition about the work of his mother, his father and himself: Emmy + Gijs + Aldo.

It was the first time I thought about the possible relationship between the works of the three designers/relatives. In itself, I find kinship no basis to start a discussion about design, but the work of Emmy (1930-1984) was uncharted territory for me and it intrigued me that Aldo (1971) and Gijs (1942) had requested this project themselves. If they wanted it themselves, then there was perhaps a 'genetic' or other connection that could be relevant. I had never talked with Aldo about this possible relationship be-tween his work and that of his parents, despite having intense discussions about design regularly as colleagues at the Design Academy in Eindhoven. I find it fascinating to compare and posi-tion designers within the complex design landscape. Designers as critics, as performers, as icons. They are all interesting phe-nomena of the times that stretch the definition of design. I still find placing Emmy, Gijs and Aldo in that landscape a difficult task. Every adjective used to describe them does injustice to their work. Moreover, the assignment for the project was wider. We not only had to look at the three individuals, but also at the relationships between them.

After talks with assistant curator Evelien Bracke, we chose the principle of 'design process - object - use' as a guide to make a selection from the many objects. It was also the framework for the book, the exhibition and the film. Emmy, Gijs and Aldo's sources of inspiration, and their design sketches and the history and context of the work have never before been collected in a book. It is precisely in these areas that the relationship between the three designers becomes visible. The research, the working in series, the various forms of cooperation, the importance of the line drawing, the feelings of necessity and wonder are mean-ingful aspects of their work which we try to represent in this scrapbook. Aside from three visual essays, in which one of the designers' most pivotal objects is placed in a broader context, we show some key objects from their rich oeuvre. The concept of the scrapbook, created by graphic designer Geoffrey Brusatto, is not only in line with the methodology of the designers, but also gave us the freedom to use associative imagery. The use, han-dling, and the relationship of the objects to the human body are shown in the photographs, created by director Rik Zang during the recording of the movie. We invite you to discover, together with us, the connections and differences.

Armband opgebouwd uit een afgeronde strook aluminium die oogt als een golvende platte cirkel. Het is een variatie op het principe van de oneindige beweging; een concept dat geregeld terugkeert in het oeuvre van Emmy van Leersum, bijvoorbeeld in de ringen en halsbanden, verbonden met een jurk. De oneindige slingervormen laten een verwantschap zien met de sculpturale Möbiusring van Max Bill, die grote indruk maakte op Emmy van Leersum en Gijs Bakker tijdens hun bezoek aan *Documenta III* in Kassel in 1964. Het principe van de gematerialiseerde oneindigheid slingert zelf als een lusvorm door van Leersums oeuvre, bijvoorbeeld in de halssieraden, ringen en armbanden uit de serie *Gebroken lijnen*.

Aluminium
140 × 70 × 2 mm
Beperkte oplage
Gestempeld GIJS + EMMY
Fotograaf Peer van der Kruis

A bracelet that consists of a curved strip of aluminium that looks like an undulating flat circle. It is a variation on the principle of endless movement; a concept that regularly occurs in the work of Emmy Leersum, for example in the rings and necklaces that are connected to a dress. The infinite loop shows a relationship with the sculptural Möbius ring by Max Bill, which made a big impression on Gijs Bakker and Emmy van Leersum during their visit to *Documenta III* in Kassel in 1964. The principle of materialized infinity flows like an infinite loop through van Leersum's body of work, such as in, for instance, the necklaces, rings and bracelets from the *Gebroken lijnen* (Broken Lines) series.

Aluminium
140 × 70 × 2 mm
Limited edition
Stamped GIJS + EMMY
Photographer Peer van der Kruis

Emmy van Leersum

Armband
Bracelet
•
1966

Halskraag van gepigmenteerd nylon. Emmy van Leersum maakte een aantal halskragen uit kunststof als reactie op het traditionele halssieraad dat in haar ogen slechts tot een leeg statussymbool was geworden. Net als de aluminium kragen uit de jaren zestig, die een oneindige slinger weergeven, vertolken haar nylon halskragen haar concept van de gematerialiseerde oneindigheid, dat in contrast staat met de sterfelijkheid van de drager. Hierbij gebruikt ze niet goud als symbool voor de eeuwigheid, maar kunststof, dat dichter aanleunt bij de vergankelijkheid van het lichaam.

Aan de ontwerpen uit de serie *Gebroken lijnen* ligt steeds het vierkant ten grondslag. Hierin worden horizontale, verticale en diagonale lijnen uitgezet. Emmy van Leersum gebruikte daarbij een strak kleurensysteem om de mate van lijnbreking aan te geven. De lijnen werden uitgesneden en samengebracht tot een driedimensionale slingervorm. De gebroken lijnen volgden volgens haar beter de vormen van het menselijk lichaam dan de rechte lijn.

Nylon/kleurpigment
645 × 8 × 1 mm (geel) en
460 × 10 × 1 mm (blauw)
Beperkte oplage
Gestempeld EMMY v. LEERSUM
Fotograaf Peer van der Kruis

Inkt/papier
Gelamineerd in p.v.c.
190 × 190 × 1,2 mm
Beperkte oplage
Gesigneerd

Collar of pigmented nylon. Emmy van Leersum made a number of collars in synthetic materials as a response to the traditional necklace which in her eyes had become an empty status symbol. Like the aluminium collars of the sixties, which show an endless loop, her nylon collars express her concept of materialized infinity, in contrast to the mortality of the wearer. Here, she does not use gold as a symbol of eternity, but plastic, which stands closer to the impermanence of the body.

The square base always underlies the designs of the *Gebroken lijnen* (Broken Lines) series. Horizontal, vertical and diagonal lines are drawn within this base. Emmy van Leersum used a rigid colour system to indicate the degree of linear fraction. The lines were cut and assembled to form a three-dimensional loop form. According to her, the broken line follows the human body better than the straight line.

Nylon/colour pigment
645 × 8 × 1 mm (yellow) and
460 × 10 × 1 mm (blue)
Limited edition
Stamped EMMY v. LEERSUM
Photographer Peer van der Kruis

Ink/paper
Laminated in PVC
190 × 190 × 1,2 mm
Limited edition
Signed

Emmy van Leersum

Halskraag <u>Serie</u> Gebroken lijnen, primaire kleuren
Collar <u>Series</u> Broken lines, primary colours
●
1982 — 1984

Tekening, behorend bij halskraag
Drawing, part of collar
●
1982

Reeks armbanden van aluminium. Emmy van Leersum vervaardigde talloze armbanden uit metaal, kunststof en papier, waarbij insnijdingen, vouwen en ronde of schuine inzagingen interessante vormveranderingen tot stand brachten. Ze vertrok steeds van schetsen op papier, waarbij ze meestal uitging van het vierkant als basisvorm. Hierin werd een strook uitgezet, die tot armband kon worden gevormd. De inzagingen en vouwen in de strook creëerden breukvormen die formele relaties met de contour van de pols aangingen.

Aluminium, buis
(1 armband geanodiseerd)
ø 70 × 70 × 1,9 mm
Beperkte oplage
Gestempeld GIJS + EMMY of
EMMY v. LEERSUM
Fotograaf Peer van der Kruis

Series of aluminium bracelets. Emmy van Leersum made numerous bracelets in metal, plastic and paper, in which cuts, folds and curved or angled saw cuts brought about interesting formal changes. She always started with sketches, in which she usually used the square as a basic form. Within it, a strip was drawn which could be formed into a bracelet. The saw cuts and folds in the strip produced fracture forms that created a formal relation with the contour of the wrist.

Aluminium, tube
(1 bracelet anodized)
ø 70 × 70 × 1,9 mm
Limited edition
Stamped GIJS + EMMY or
EMMY v. LEERSUM
Photographer Peer van der Kruis

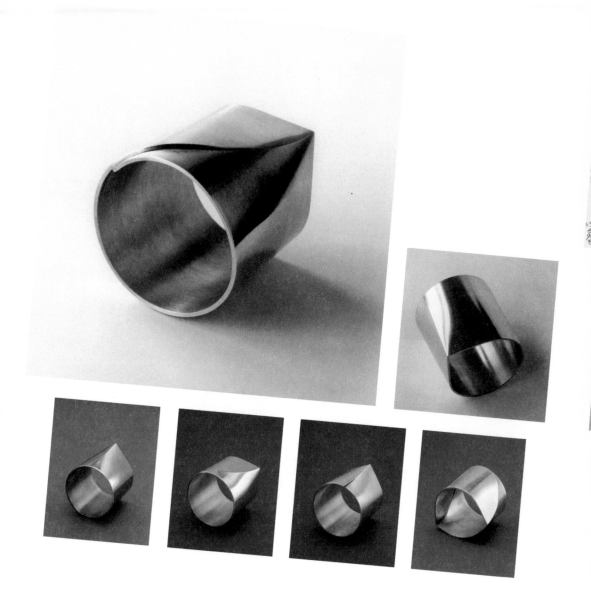

Emmy van Leersum

Armbanden <u>Serie</u> Vouwen en inzagingen
Bracelets <u>Series</u> Folds and saw cuts
•
1970 — 1971

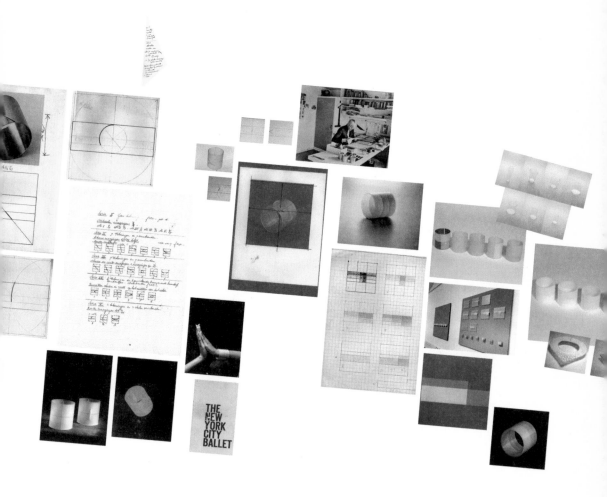

THE
NEW
YORK
CITY
BALLET

Paul,

Ik kon je niet meer bereiken, maar naderhand bedacht ik er Gijs zei het u. m ook, dat ik eigenlijk altijd een heel vaak stelregel heb aangaande de beperking die ik mijzelf opleg. Ik probeer altijd met een *minimum* aan *middelen* een zo groot mogelijk *maxi...* te bereiken. Dat kun je dan nog versieren.

maar hier ga ik meestal vanuit en dat behoeft nae dan tevens voor andere zaken.
Het is een zo ont niet dat die ik merely geregel stel. Voor dat dit voor ons beide de besten oplossing biedt. Stuur het zo gauw je het morgen dan heb je het morgen Kon je niet meer bereiken en dan ben ik misschien naar bed, omdat ik buur ontmoet. Heel erg bedankt voor zover ik goed heb gehoord voor de tekst. Ben ik weg met Emmy groetjes Wille. Ben in ...

Letter 'how to reach a maximum result with a minimum of means',
Emmy van Leersum, s.d. • Archive Emmy van Leersum
SM's – Stedelijk Museum 's-Hertogenbosch

Drawing, broken lines,
Emmy van Leersum, s.d. • Archive Emmy van Leersum
SM's – Stedelijk Museum 's-Hertogenbosch

Research models, broken lines,
Emmy van Leersum, s.d. • Archive Emmy van Leersum
SM's – Stedelijk Museum 's-Hertogenbosch

Notes on methodology, Emmy van Leersum, s.d. • Archive Emmy van Leersum
SM's – Stedelijk Museum 's-Hertogenbosch

Writing paper 'Carrosserie van Leersum en Co.',
Hilversum, s.d. • Scrapbook 1965
• Archive Emmy van Leersum
SM's – Stedelijk Museum 's-Hertogenbosch

Met broer Jan

Countryhouse of the van Leersum family
in Loosdrecht, s.d. • Scrapbook 1965
• Archive Emmy van Leersum
SM's – Stedelijk Museum 's-Hertogenbosch

Emmy van Leersum in workshop,
s.d. • Scrapbook 1966, Archive Emmy van Leersum
SM's – Stedelijk Museum 's-Hertogenbosch

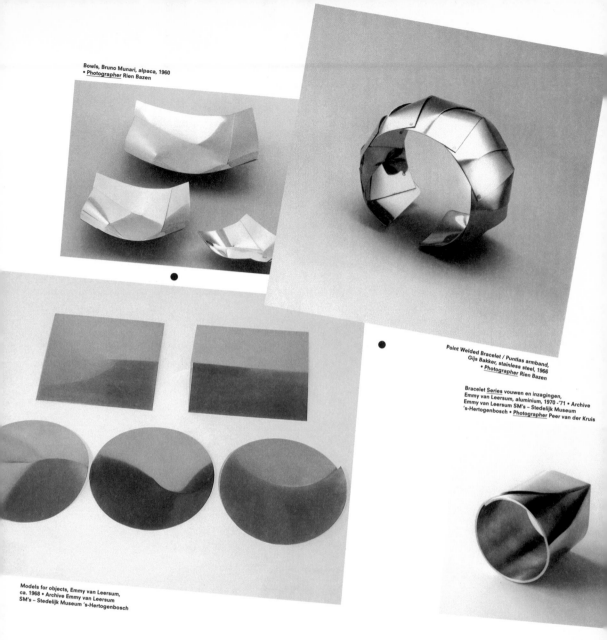

Bowls, Bruno Munari, alpaca, 1960
• **Photographer** Rien Bazen

Point Welded Bracelet / Puntlas armband,
Gijs Bakker, stainless steel, 1966
• **Photographer** Rien Bazen

Bracelet <u>Series</u> vouwen en inzagingen,
Emmy van Leersum, aluminium, 1970 -'71 • Archive
Emmy van Leersum SM's – Stedelijk Museum
's-Hertogenbosch • **Photographer** Peer van der Kruis

Models for objects, Emmy van Leersum,
ca. 1968 • Archive Emmy van Leersum
SM's – Stedelijk Museum 's-Hertogenbosch

● Bruno Munari / Emmy van Leersum /
Gijs Bakker

Tijdens een vakantie in Italië kocht Gijs
een schaaltje van Bruno Munari; een
ontwerp dat hem bijzonder fascineerde
door de eenvoud van constructie en
vorm. Een vierkante plaat alpaca werd
ingesneden, gevouwen en verbonden
op de hoeken. Eenzelfde techniek paste
hij toe in zijn puntlas armband (1966),
die een scherpe markering blijkt in zijn
oeuvre. Gelijkaardige experimenten met
vouwen en insnijdingen bepalen ook het
werk van Emmy. Zoals in de serie armbanden 'vouwen en inzagingen' (1970-
71), die systematisch is opgebouwd uit
een vierkant waaruit een strook werd
gesneden die de armband vormt. De
aanwezigheid van insnijdingen in de

strook maakten het mogelijk om te ex-
perimenteren met breukvormen die een
dialoog aangaan met de omtrek van de
pols. Een belangrijke stap naar de ver-
wevenheid met het menselijk lichaam.

During a vacation in Italy, Gijs bought a
bowl by Bruno Munari, a design that par-
ticularly fascinated him because of its
simplicity, both in its construction and in
its appearance. A square plate in alpaca
was cut, folded and connected at the
corners. This same technique is used in
his Point Welded Bracelet (1966), which
is a key defining work in his oeuvre.
Similar experiments with folds and cuts
also determine the work of Emmy. As in
the series bracelets 'folds and saw cuts'
(1970-71), which is systematically con-
structed from a square in which a band

was cut that forms the bracelet. The
presence of incisions in the band made
it possible to experiment with fracture
forms that enter into a dialogue with the
circumference of the wrist. An important
step towards an interwoven connection
with the human body.

DINSDAG 4 FEBRUARI

Utrecht kreeg eigen

ruimte om multipe

tentoon te stellen

Werfkelder onder Oude Gracht 112

(Van onze kunstredactie)

UTRECHT — Het werfkel-dertje onder de Oude Gracht 112, dat bekendheid kreeg als sieraden-atelier van Emmy van Leersum en Gijs Bakker, is met ingang van afgelopen za-terdag omgedoopt tot „Werf-kelder voor multipliceerbare objecten. An de Voigt, die zich nu met de organisatie van tentoonstellingen heeft belast, heeft een voor Utrechtse kunst-liefhebbers opmerkelijk initia-tief genomen. Elke maand gaat zij multipels — in serie ge-maakte kunstwerken — expo-seren van bekende Nederland-se kunstenaars.

De multipliceerbare kunst is voor-al de laatste jaren iets, waarmee een groot deel van de jonge kunste-naars zich bezighoudt. De serie-aanmaak van een bepaald kunst-werk heeft natuurlijk interessante voordelen: Als van een bepaald werk tien exemplaren gegoten, ge-spoten of gedrukt worden zal dat natuurlijk betekenen dat de prijs veel lager komt te liggen dan bij een eenmalig kunstwerk. Of door dit voordeel van de lage prijs ook „de gewone man" deze multipels gaat kopen, blijft nog een open vraag. Tot nu toe beperkt de klan-tenkring van de multipelkunste-naars zich hoofdzakelijk tot het be-kende galeriepubliek, vooral ook

omdat de seriekunstwerken leek nogal ontoegankelijk iets onpersoonlijks hebben, persoonlijks dat terug te bij alles wat met mach-maakt of met drukperser is.

In mindere mate is de val bij een van de eerste posanten, Ad Dekkers. A — zijn werk was vorig jaa delijk Museum in Ams zien naar aanleiding Biennale-uitverkiezing en Utrechtse kring — konst te panelen met vage rel nelen- worden gegoten i glanzend polyester, en v ongelooflijke gaafheid, na maagdelijk. In de w ne ruimte van de wer gen een paar bijzonder ken van hem, die de van wat het voorstelt, beeld: „Overgang van naar en cirkel".

Zijn mede-eksposant Ewerdt Hilgemann, b zien die een beetje n kelijk zijn voor veel bezs. Het zijn uit pl grondplaten, die c uitstulpingen hebben, rangschikt volgens 'n liggende ordening. Ook rie houten objectjes, lijk een beetje al te derspeelgoed doet speelgoed-element is vallend bij veel r Ondanks de aantrek de vaak hoofdzake toepassingsmogelijkh multipels niets mee der dan speelgoed ben geen romantic wekt geen associat wel doet is er iets zegt Hilgemann.

Ook bij Ad Dekke woord „objektief" die hij over zijn d genen die iets op vende kunstwerke ren, die geen l hebben maar e trisch spel zijn, nu ook in Utrec ophalen. Voor willen nemen v kunstuitingen is werfkelder zeke

Ad Dekkers: Vierkant en cirkel in overgang.

● **Ad Dekkers / Emmy van Leersum / Gijs Bakker**

Via de Amsterdamse Galerie Swart kwamen Emmy en Gijs in de jaren zestig in contact met het werk van de systematisch-constructivistische kunstenaar Ad Dekkers (1938-1974). De sobere en geometrische beeldtaal van Dekkers zorgde meteen voor een vorm van herkenning. Alle drie streefden ze naar een heldere vormgeving, waarbij emotionele en individuele aspecten wer-den uitgebannen. Vooral het onderzoek naar de lijn en de transparantie van het denken ontwikkelde zich in het oeuvre van Emmy tot een constante. Ook in hun Utrechtse Werfkelder (Atelier voor Sie-raden) exposeerden Emmy en Gijs eind jaren zestig werk van Ad Dekkers.

In the sixties, Emmy and Gijs came into contact with the work of the systematic-constructivist artist Ad Dekkers (1938-1974) through the Amsterdam-based Galerie Swart. Dekkers' austere and geometric imagery immediately brought on a form of recognition. All three strove for a clear design, in which emotional and individual aspects were eliminated. Especially the study of the line and the transparency of thought would become a constant in the work of Emmy. In their Werfkelder in Utrecht (Atelier voor Sieraden) Emmy and Gijs exhibited work by Ad Dekkers in the late sixties.

22

Bracelet Series vouwen en
inzagingen, Emmy van Leersum,
aluminium, 1970 -'71 • Archive
Emmy van Leersum SM's – Stedelijk
Museum 's-Hertogenbosch
• Photographer Peer van der Kruis

Emmy van Leersum

Series en reeksen

Het creëren van reeksen is voor elk van de drie ontwerpers een natuurlijke vanzelfsprekendheid, die met een onderzoekende houding te maken heeft. <u>Emmy</u> start steevast haar onderzoek met een programma van beperkingen en tast vervolgens de speelruimte binnen deze grenzen af. Hierdoor bouwt ze haar oeuvre op uit aaneensluitende en overlappende reeksen. Een consequente en doorgevoerde onderzoeksattitude schemert hierbij steeds door de reeksen heen. <u>Gijs</u> benadert het onderzoek als een breder veld van ideeën, verhalen en vormen. Hij maakt series en vertrekt van een aantal principes of een verhaallijn. Eén van de meest duidelijke verhaallijnen is de ontdekkingstocht van het 'Gatenproject' ('Holes project'), het wegnemen van materiaal. Niet alleen het vormprincipe is een gegeven, ook de betekenis, 'het immateriële', is een drijfveer van de ontwerpmogelijkheden. <u>Aldo</u> onderzoekt de kwaliteiten en beperkingen van een materiaal en een techniek. Het drijft de vormgeving verder naar ongekende gebieden: laboglas in de serie Glass-line, het vergeten materiaal koper in de Copper Series, en de bijzondere laktechniek urushi in de Urushi Series.

Series and groups

The creation of series comes natural to each of the three designers, and has to do with an inquisitive attitude. <u>Emmy</u> always starts her research with a program of restrictions and then explores the scope within these limits. In this way, she creates an oeuvre of contiguous and overlapping sequences. A consistent and thorough investigative attitude is always apparent in the produced series. <u>Gijs</u> approaches the research as a broader field of ideas, stories and forms. He makes series on the basis of a number of principles or a storyline. One of the most obvious storylines is the investigation of the 'Holes Project', the removal of material. Aside from the formal principle which is basically a given, the meaning, 'the immaterial' is also a driving element within the set of design possibilities. <u>Aldo</u> examines the qualities and limitations of a material and a technique. It drives the design into unknown territory: lab glass in the Glass-series line, the forgotten material copper in the Copper Series, and the special urushi lacquering technique in the Urushi Series.

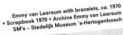

Emmy van Leersum with bracelets, ca. 1970
• Scrapbook 1970 • Archive Emmy van Leersum
SM's – Stedelijk Museum 's-Hertogenbosch

Opening exhibition 'Draagobjecten'
Galerie Swart, Amsterdam, 18/4 – 7/5/1971
• Scrapbook 1970-'71 • Archive Emmy van Leersum
SM's – Stedelijk Museum 's-Hertogenbosch

Bracelets <u>Series</u> verticale inzagingen,
Emmy van Leersum, stainless steel, 1974
• Archive Emmy van Leersum
SM's – Stedelijk Museum 's-Hertogenbosch

Werken met edel metaal

Emmy v. Leersum baant zich weg in de kunst

„'t Was fijn dat ik er voor moest vechten"

SOESTDIJK — Het is een genoegen, met mensen te praten die positief in het leven staan. Zo iemand is de edelsmid Emmy van Leersum, die aan de Heuvelweg in Soestdijk woont en werkt. Wij kwamen dezer dagen onverwacht bij haar op bezoek. Zij zat wat te mediteren in een stoel bij de kachel. Een nieuw jaar wacht. Een nieuw jaar met nieuwe ideeën wellicht. Want het is altijd een aftasten van de mogelijkheden. Zo'n dag of tien naar Oostenrijk. Loskomen van de sfeer van alle dag, denken over het werk en wie weet, misschien in de nieuwe omgeving wat opdoen dat innerlijk verwerkt in edel metaal gestalte krijgt. Emmy van Leersum kreeg wat zij tot nu toe heeft bereikt niet cadeau. Zij heeft er voor moeten vechten.

Goed atelier in Soestdijk

Daar was allereerst de tegenstelling in opvatting over het wat-te-worden in het leven. Vader Van Leersum was niet enthousiast over de plannen van zijn dochter. In de kunst valt geen droog brood te verdienen. Daar kwam het ongeveer op neer. En toch heeft Emmy van Leersum de strenge ge-

Newspaper article
'Emmy v. Leersum baant zich weg in de kunst' 'Emmy van Leersum works her way through the arts', 5/2/1966 • Scrapbook 1962 • Archive Emmy van Leersum SM's – Stedelijk Museum 's-Hertogenbosch

Emmy van Leersum and Gijs Bakker in an interview, ca. 1965 • Scrapbook 1965, Archive Emmy van Leersum SM's – Stedelijk Museum 's-Hertogenbosch

Exhibition view 'Draagobjecten' Galerie Swart, Amsterdam, 18/4 – 7/5/1971 • Archive Emmy van Leersum SM's – Stedelijk Museum 's-Hertogenbosch • **Photographer** Rien Bazen

Page from exhibition catalogue
'Emmy van Leersum, Amsterdam,
Stedelijk Museum, 1979',
Trophy for international competition
of shoedesigners, stainless steel, 1968,
Cappa for honorary doctorate Technische
Hogeschool Eindhoven, silk, 1976
• Archive Emmy van Leersum
SM's – Stedelijk Museum 's-Hertogenbosch

Emmy van Leersum with cappa for honorary doctorate
Technische Hogeschool Eindhoven, silk, 1976
• Archive Emmy van Leersum
SM's – Stedelijk Museum 's-Hertogenbosch

Object <u>Series</u> doorsnijdingen van een kubus,
Emmy van Leersum, meoprene / tubular frame, 1979
• Archive Emmy van Leersum
SM's – Stedelijk Museum 's-Hertogenbosch

Drawing and bracelet,
<u>Series</u> 2 tegenover elkaar liggende schuine
en ronde inzagingen tot op 1/3,
Emmy van Leersum, 1975 • Archive Emmy van Leersum
SM's – Stedelijk Museum 's-Hertogenbosch

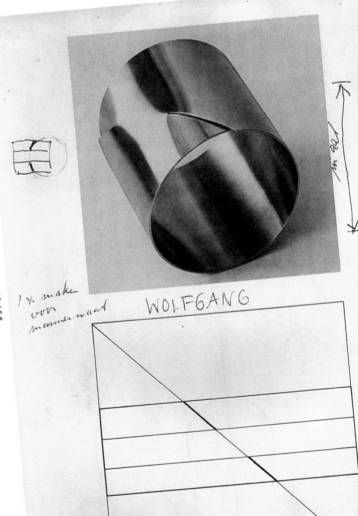

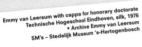

De lijn

De lijn is een element dat in de ontwerpen van Emmy, Gijs en Aldo een centrale rol speelt, maar telkens een andere functie in zich draagt. Voor <u>Emmy</u> is de lijn een middel om te ontwerpen en te tekenen en dus om haar onderzoek te structureren; een spel van lijnen vormt het uitgangspunt van haar concepten. Bij haar serie 'Gebroken lijnen' is de breuk in de lijnen noodzakelijk om de vormen van het lichaam te volgen. De lijn is in dit alles haar leidraad, haar rigoureuze gids. Bij <u>Gijs</u> is de 'klare lijn' en een duidelijk afleesbare lijn het doel om tot een vorm te komen. Het 'Profielsieraad op Emmy van Leersum' (1974) is hiervan een duidelijk voorbeeld, maar ook de bril 'Glasses' (1972). De analyse van de functie bepaalt de weg die de lijn volgt. Bij <u>Aldo</u> is de schets en de lijntekening veelal het uitgangspunt van het ontwerp dat nadien ingevuld wordt met een functie. De lijn laat de emotie, het karakter en de houding van het ding zien. Het is de emotionele uitdrukking van het ding, de lijn is letterlijk het verband en houdt het hele scala aan aspecten en begrippen samen.

The line

The line is an element that plays a central role in the designs of Emmy, Gijs and Aldo, but one that contains a different function each time. For <u>Emmy</u>, the line is a means to design and draw which also structures her investigation; a play of lines forms the starting point of her concepts. In her series 'Broken Lines', the break in the lines is necessary to make them follow the form of the body. In all of this, the line is her rigorous guide. With <u>Gijs</u>, the 'clear line' and the clearly readable line are the means to come to a form. The 'Profile Ornament on Emmy van Leersum'(1974) is an obvious example, as well as the eyeglasses 'Glasses' (1972). The analysis of the function determines the path of the line. With <u>Aldo</u>, the sketch and the line drawing are often the starting point of the design, which is subsequently given a function. The line shows the emotion, character and attitude of the object. It is the emotional expression of the object; the line is literally the link and keeps the full range of issues and concepts together.

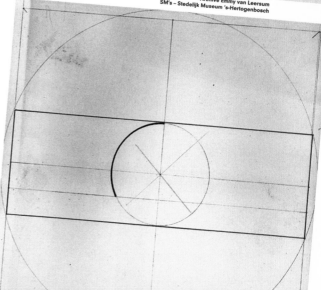

Notes on envelope 'how to create jewellery from (broken) lines', Emmy van Leersum, s.d. • Archive Emmy van Leersum SM's – Stedelijk Museum 's-Hertogenbosch

Drawing for bracelet <u>Series</u> ronde inzagingen tot op ¾, Emmy van Leersum, 1975 • Archive Emmy van Leersum SM's – Stedelijk Museum 's-Hertogenbosch

27

Serie I Geen tekening f350.- per st.

Verticale inzagingen:
No I .1/4 . No II 1/3 . No III 1/2 No IV 2/3 No V 3/4.

Serie II 7 Tekeningen en 7 armbanden.
schuine inzagingen tot de helft.   serie van 7 f 040.-
Ronde inzagingen

Serie III 7 Tekeningen en 7 armbanden.
schuine en ronde inzagingen 2 inzagingen op 1/3.

Serie IV 6 Tekeningen en 6 gematteerde transparante kunst-
armbanden. armbanden f 225.-
Inmellen schuin en rond op het midden van het veld.

Serie V 3 tekeningen en 3 stalen armbanden.
Ronde inzagingen tot 3/4.

23

**Sketch with drawings for bracelets,
several series, Emmy van Leersum,
s.d. • Archive Emmy van Leersum
SM's – Stedelijk Museum 's-Hertogenbosch**

**Drawing for bracelet
Series ronde inzagingen tot op ¾,
Emmy van Leersum, 1975
• Archive Emmy van Leersum
SM's – Stedelijk Museum 's-Hertogenbosch**

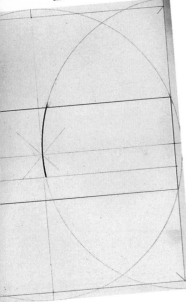

**Bracelets Series schuine en ronde
insnijdingen in het midden van het veld,
Emmy van Leersum, inkline,
laminated p.v.c., 1975 • Archive Emmy van Leersum
SM's – Stedelijk Museum 's-Hertogenbosch**

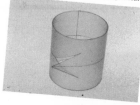

Bracelets <u>Series</u> schuine en ronde insnijdingen in het midden van het veld, Emmy van Leersum, inkline, laminated p.v.c., 1975 • Archive Emmy van Leersum SM's – Stedelijk Museum 's-Hertogenbosch

Drawing for bracelets <u>Series</u> schuine en ronde insnijdingen in het midden van het veld, Emmy van Leersum, inkline, laminated p.v.c., 1975 • Archive Emmy van Leersum SM's – Stedelijk Museum 's-Hertogenbosch

Noodzaak

Elk van de drie ontwerpers formuleert op een eigen manier een noodzaak voor het ontwerp. Geen van de ontwerpen is vrijblijvend. Alles heeft een reden. <u>Emmy</u> doet dit het meest expliciet en schrijft lijstjes met uitgangspunten die dan reeksen vormen.

Ook aan de eerste serie van <u>Aldo</u> lag een vergelijkbaar onderzoek ten grondslag; enkele referentiepunten bepalen de vormgeving voor de serie Glassline en elk glas heeft zijn eigenheid en functie. Bij zijn recentere werk heeft alles een reden. Alle vormen en lijnen zijn onlosmakelijk met elkaar verbonden en, zoals in de natuur, 'logisch' met elkaar verweven. Niets is overbodig, alles is nodig. Door de evolutie en de tijd lijkt het ding of het wezen zijn specifieke vorm gekregen te hebben.

Bij <u>Gijs</u> komt een ontwerp tot stand op basis van een analyse, een commentaar. Materiaal en vormkeuze zijn het resultaat van de analyse van de functies of van het verhaal dat zijn uitgangspunt vormde. Het idee, het concept, wordt consequent verder ontwikkeld tot een product of een object dat past in en zich verhoudt tot een specifieke context.

Necessity

Each of the three designers formulates a necessity for the design in their own way. None of the designs are gratuitous. Everything has a reason. <u>Emmy</u> does so most explicitly and writes lists of principles which then form the basis for her series.

A similar study also underlies <u>Aldo's</u> first series; a number of reference points determine the design of the Glass-line series and each glass has its own identity and function. In his recent work, everything has a reason. All shapes and lines are inextricably linked and, as in nature, 'logically' intertwined. Nothing is superfluous, everything is essential. The object or thing seems to have acquired its specific shape through evolution and the progression of time.

With <u>Gijs</u>, a design is created on the basis of an analysis, a commentary. Material and form selection are the result of an analysis of the functions or the story that formed his starting point. The idea, the concept is consistently developed into a product or an object that fits and relates to a specific context.

Clipping, *The New York City Ballet*, ca. 1962 • Scrapbook 1962 • Archive Emmy van Leersum SM's – Stedelijk Museum 's-Hertogenbosch

THE NEW YORK CITY BALLET

29

Bracelet <u>Series</u> schuine en ronde insnijdingen in het midden van het veld, Emmy van Leersum, inkline, laminated p.v.c., 1975 • Archive Emmy van Leersum SM's – Stedelijk Museum 's-Hertogenbosch • <u>Photographer</u> Boudewijn Neuteboom

Bracelet <u>Series</u> schuine en ronde insnijdingen
in het midden van het veld,
Emmy van Leersum, inkline, laminated p.v.c., 1975
• Archive Emmy van Leersum
SM's – Stedelijk Museum 's-Hertogenbosch

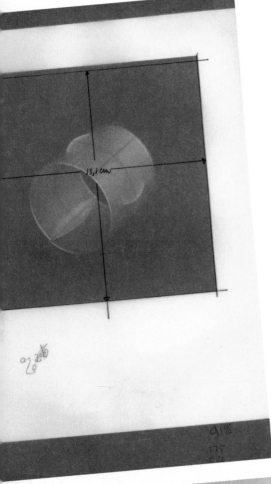

13,1 cm

Bracelet <u>Series</u> gevouwen vloeipapier,
laminated p.v.c., Emmy van Leersum, 1977
• Archive Emmy van Leersum
SM's – Stedelijk Museum 's-Hertogenbosch

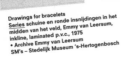

Drawings for bracelets
<u>Series</u> schuine en ronde insnijdingen in het
midden van het veld, Emmy van Leersum,
inkline, laminated p.v.c., 1975
• Archive Emmy van Leersum
SM's – Stedelijk Museum 's-Hertogenbosch

Emmy van Leersum in her workshop,
Amersfoort, 1971 • Archive Emmy van Leersum
SM's – Stedelijk Museum 's-Hertogenbosch
• <u>Photographer</u> Eva Besnyö

<u>Emmy van Leersum</u>　　　30

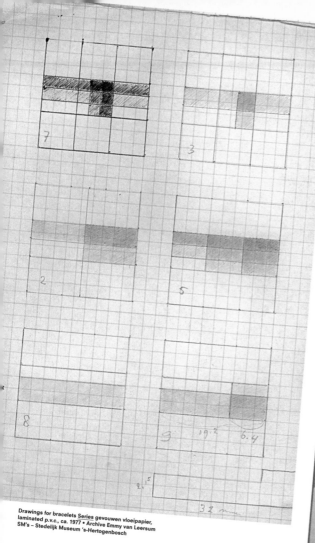

Drawings for bracelets <u>Series</u> gevouwen vloeipapier,
laminated p.v.c., ca. 1977 • Archive Emmy van Leersum
SM's – Stedelijk Museum 's-Hertogenbosch

Design for bracelets <u>Series</u> gevouwen vloeipapier,
laminated p.v.c., ca. 1977 • Archive Emmy van Leersum
SM's – Stedelijk Museum 's-Hertogenbosch

Exhibition 'Sieraden, een keuze door Emmy van Leersum',
Kunstencentrum Badhuis, Gorinchem, 1977
• Archive Emmy van Leersum
SM's – Stedelijk Museum 's-Hertogenbosch
• <u>Photographer</u> Cor van Weele

Models for bracelets
<u>Series</u> gevouwen vloeipapier, laminated p.v.c.,
Emmy van Leersum, 1977 (design)
• Archive Emmy van Leersum
SM's – Stedelijk Museum 's-Hertogenbosch

Glass-line, Aldo Bakker, borocilicate glass, 1998
• <u>Photographer</u> Brecht Duijf

Bracelet <u>Series</u> binnenzijde in verschillende
maatverdelingen uitgefreesd,
Emmy van Leersum, acrylate, tube; opal, 1977
• Archive Emmy van Leersum
SM's – Stedelijk Museum 's-Hertogenbosch

Statement,
Emmy van Leersum, 6/9/1978
• Archive Emmy van Leersum
SM's – Stedelijk Museum 's-Hertogenbosch

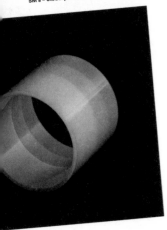

<u>Statement</u>

Het sieraad dat qua vorm en inhoud onduidelijk is geworden, wil ik
van z'n historische ballast ontdoen (zie punt 5) en terugbrengen tot
z'n essentie. Me bevrijden van een aantal beperkingen in traditionele
vorm en materiaal en de <u>statuszbelustheid</u> doorbreken.
Ik zie mijzelf niet als een edelsmid in de ambachtelijke zin van het
woord, het maakproces is van secundair belang (te veel aandacht is in
de loop der jaren op de vakbekwaamheid komen te liggen).
Het "idee" staat voorop, waarbij de functie en het zicht daarop, een
belangrijke rol spelen. Het materiaal is nu ook ondergeschikt aan het
idee en impliceert tevens, dat nu ook buiten goud en zilver, alle
verdere materialen zoals staal, aluminium, kunststof, textiel, hout
dergl. gebruikt worden. Het materiaal wat nu gekozen wordt visualise
het idee optimaal.
Om iedere band met het konventionele sieraad te verbreken, ben ik t
grote simpele vormen overgegaan, die door een enkele ingreep (zoal
buigen, vouwen, inzagen enz.) tot een functionele draagbaarheid ko
Ik streef vooral naar duidelijkheid t.a.v. de vorm en de functie.
Meestal ga ik er vanuit dat een sieraad uit één stuk materiaal ge
worden en door een kleine ingreep een totale vormverandering tewe
gebracht wordt, die tegelijk ook de functie bepaalt (zonder toevoe
en andere versierselen). Dit is het concept waar ik voortdurend m
ben.

Emmy van Leersum
EL/wl
6 september 1978

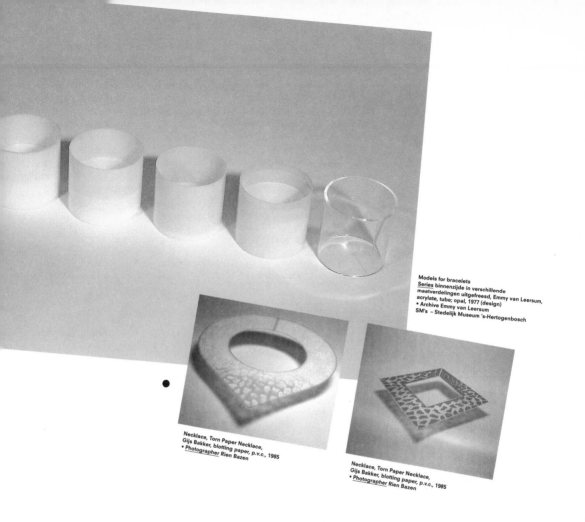

Models for bracelets
Series binnenzijde in verschillende
maatverdelingen uitgefreesd, Emmy van Leersum,
acrylate, tube; opal, 1977 (design)
• Archive Emmy van Leersum
SM's – Stedelijk Museum 's-Hertogenbosch

Necklace, Torn Paper Necklace,
Gijs Bakker, blotting paper, p.v.c., 1985
• _Photographer_ Rien Bazen

Necklace, Torn Paper Necklace,
Gijs Bakker, blotting paper, p.v.c., 1985
• _Photographer_ Rien Bazen

**Bracelets in pvc and paper (1977),
Emmy van Leersum / Glass-line
(1998), Aldo Bakker / Torn Paper
Necklaces (1985), Gijs Bakker**

De lijn van seriematig ontwerpen bij
Emmy kan worden doorgetrokken naar
het werk van zoon Aldo, waarin ook
rigoureus en systematisch in reeksen
wordt gedacht; vooral in zijn vroege
werk Glass-line, waarin Aldo verschillende identiteiten van drinkglas en
gerelateerde kwaliteiten van vloeistof
onderzoekt. De reeks belichaamt ook
de overgang van een zekere strengheid
en strakheid in het ontwerp naar een
soepeler vormentaal, kenmerkend voor
zijn latere series. Een evolutie die vooral
tot stand kwam door de omgang met het
materiaal glas en het plastische aspect
ervan.

Ook materiaalgevoeligheid vormt een
verbinding tussen het oeuvre van
moeder en zoon. Emmy dacht in, op en
met papier. Het materiaal van haar ontwerpen evolueerde van metaal steeds
verder naar papier, en niet zelden werd
papier verwerkt in pvc armbanden,
waarbij de huid door het ontwerp heen
schemert. Sieraad en lichaam gaan op
subtiele wijze een dialoog met elkaar
aan. Verwantschap in materiaalgebruik
is ook zichtbaar in een aantal halssieraden van Gijs Bakker uit 1985 in
vloeipapier en pvc.

The line of Emmy's serial designs can
be extended to the work of son Aldo, in
the sense that he rigorously and systematically works in series, especially
in his early work Glass-line, in which
Aldo investigates different identities

of the drinking glass and the related
qualities of liquids. The series embodies
the transition from a certain rigor and
rigidity in the design towards a more
flexible design language typical of his
later series. An evolution mainly brought
about by dealing with glass and its
plastic characteristics.

Material sensitivity is also a connection between the work of mother and
son. Emmy thought in and with paper.
The material of her designs evolved
more and more from metal to paper, and
paper was often used in pvc bracelets,
in which the skin appears through
the design. Ornament and body enter
into a subtle dialogue with each other.
Similarities in the use of materials are
also visible in a number of necklaces by
Gijs Bakker from 1985 in blotting paper
and pvc.

Deze armband is ontstaan na het zien van een schaaltje van Bruno Munari, opgebouwd uit een vierkant plaatje met insnijdingen en vouwen, dat is gepuntlast op de hoeken. Op dezelfde manier ontstaat een cirkel uit een strook roestvrij staal. Dit constructie-principe leidt tot een aantal ontwerpen, waaronder een bril en een memobakje, die dicht in de buurt komen bij industriële vormgeving. Naar aanleiding van de tentoonstelling Cold War Modern: Design 1945-1970 werd van het ontwerp een gelimiteerde oplage gemaakt in titanium.

Roestvrij staal;
75 × 85 × 43 mm
Editie
Fotograaf Rien Bazen

This bracelet was created after seeing a bowl by Bruno Munari, consisting of a cut and folded square plate, welded at the corners. A circle is created from a strip of stainless steel in the same way. This design principle leads to a number of designs, including glasses and a memo tray that comes close to industrial design. A limited edition is made in titanium on the occasion of the exhibition, Cold War Modern: Design 1945-1970.

Stainless steel;
75 × 85 × 43 mm
Edition
Photographer Rien Bazen

Gijs Bakker

Puntlas armband
Point Welded Bracelet
●
1966

In het begin van de jaren tachtig werkt Gijs Bakker als freelancer voor de designafdeling van Ten Cate Bergmans. Hij werkt samen met Frans van den Toorn, die verantwoordelijk was voor de technische ontwikkeling. Ten Cate verkocht kant-en-klare projecten aan mogelijke klanten. Moulinex gaf Ten Cate de opdracht een koffiezetapparaat te ontwikkelen dat zich moest onderscheiden van andere koffiezetapparaten op de oververzadigde markt. Bijzonder aan dit apparaat is dat de werking ervan kan worden afgelezen uit de constructie en vorm. Niets zit verscholen achter een omhulsel of huid. Een vergelijking kan worden gemaakt met het door de architecten Rogers en Piano ontworpen Centre Pompidou uit 1977, waar de klimaatinstallatie, leidingen, buizen, liften en roltrappen, die gewoonlijk verstopt zitten in het gebouw, in verschillende kleuren aan de buitenzijde van het gebouw werden geplaatst. Ook de kleuren blauw en wit van het koffiezetapparaat waren atypisch voor een dergelijk product. Op dat moment waren er immers vooral beige en bruine apparaten op de markt. De formule van het verkopen van kant-en-klare designprojecten bleek echter niet succesvol. De producten en concepten werden immers ontwikkeld zonder de noden en beperkingen van toekomstige klanten te kennen. Na twee jaar komt aan de samenwerking met Ten Cate dan ook een einde.

Staal, aluminium, glas;
250 × 160 × 380 mm
<u>Producent</u> Ten Cate Bergmans, prototype
<u>Fotograaf</u> Onbekend

In the early eighties Gijs Bakker is working as a freelancer for the design division of Ten Cate Bergmans. He collaborates with Frans van den Toorn, who was responsible for the technical development. Ten Cate sold ready-made projects to potential clients. Moulinex gave Ten Cate the assignment to develop a coffee maker that was different from other coffee makers in the already saturated market. What is special about this device is that its function can be recognized in its construction and form. Nothing is hidden behind a shell or skin. A comparison can be made with the Centre Pompidou designed in 1977 by the architects Rogers and Piano, where the climate system, ducts, pipes, elevators and escalators, which are normally hidden in the building, are placed in different colours on the outside of the building. Also, the coffee maker's blue and white colours were atypical for this kind of product. At that time there were mainly beige and brown coffee makers on the market. The formula of selling ready-made design projects proved to be unsuccessful. Indeed, the products and concepts were developed without knowing the actual constraints and needs of future customers. After two years the cooperation with Ten Cate comes to an end.

Steel, aluminium, glass,
250 × 160 × 380 mm
<u>Manufacturer</u> Ten Cate Bergmans, prototype
<u>Photographer</u> Unknown

Gijs Bakker

Koffiezetapparaat
Coffee maker
●
1980 — 1982

De fruittafel met gaten maakt deel uit van het 'Holes project', een collectie van geperforeerde objecten, waaronder behangpapier, een vaas, een cake/taart, een stoel, een kaarsenhouder, een armband en een tafelkleed. Het concept onderzoekt hoeveel materie uit een object kan worden gehaald, zonder dat de functie en stabiliteit ervan worden aangetast. De gaten worden strategisch geplaatst om de tafel licht in vorm en gewicht te maken, zonder dat de sterkte wordt aangetast. Vorm, functie en decoratie vallen in dit ontwerp samen.

Serie Holes
Es
800 × 1050 × 350 mm
Producent Rein van der Heide
Verdeler DMD, Voorburg
Fotograaf Rien Bazen

The fruit table with holes is part of the 'Holes project', a collection of perforated objects which include wallpaper, a vase, a cake/pie, a chair, a candle holder, a bracelet and a tablecloth. The concept explores how much matter can be taken from an object without affecting its function and stability. The holes are strategically placed to make the table light in form and weight, without affecting the bearing strength. Form, function and decoration coincide in this design.

Series Holes
Ash
800 × 1050 × 350 mm
Manufacturer Rein van der Heide
Distributor DMD, Voorburg
Photographer Rien Bazen

Gijs Bakker

Fruit table with holes
●
1993

Een vallende druppel in het water is de inspiratiebron voor deze fruitschaal, ontworpen voor het bedrijf Koninklijke Van Kempen & Begeer. Gijs Bakker startte zijn carrière als industrieel ontwerper bij Koninklijke Van Kempen & Begeer in de jaren zestig. De serie waartoe de 'Fruit dish' behoort is ontwikkeld samen met Ramon Middelkoop. Elk van de ontwerpen binnen deze serie kent eenzelfde vallende druppel als uitgangspunt. De druppel dient hier als handvat. Eén vloeiende lijn bepaalt vorm en functie.

Serie Flow
Roestvrij staal;
ø 360 × 190 mm
Klant / Producent / Verdeler
Koninklijke Van Kempen & Begeer
Fotograaf Rien Bazen

A drop falling into water is the inspiration for this fruit bowl, designed for the company Koninklijke Van Kempen & Begeer. Gijs Bakker started his career as an industrial designer at Koninklijke Van Kempen & Begeer in the sixties. The series which includes 'Fruit dish' is designed together with Ramon Middelkoop. Each of the designs in this series is based on the falling drop. Here, the droplet serves as handle. A flowing line determines form and function.

Series Flow
Stainless steel
ø 360 × 190 mm
Client / Manufacturer / Distributor
Royal Van Kempen & Begeer
Photographer Rien Bazen

Gijs Bakker

Fruit dish
•
2000

Deze broche maakt deel uit van de sieradenserie 'Real?'. Gijs Bakker brengt in deze serie imitatie en echte juwelen bij elkaar. De echte en onechte stenen vloeien samen in één onwerp en zijn bijna niet van elkaar te onderscheiden (Real serie). De sieraden spelen met het begrip 'waarde'. De zetting bepaalt de vorm van de broche of de ringen van deze serie, hierdoor kan een lijn worden getrokken naar de eerste ring uit 1962, die Gijs Bakker als een echt interessant ontwerp beschouwde en die gemaakt is volgens eenzelfde principe. In dit exemplaar gebruikt hij de hoogtechnologische rapid prototyping techniek stereolithografie om een broche na te maken en laat deze beschilderen door een vakman om de edelstenen te imiteren.

Serie Real?, nr.360
Stereolithografisch model,
Olieverf
47 × 88 × 11 mm
Unica
Producent stereolithographie
Materialise
Beschildering Gerbrand Bierenga
Fotograaf Rien Bazen

This brooch is part of the jewellery series 'Real?'. In this series, Gijs Bakker brings real and imitation jewellery together. The real and synthetic stones come together in one design and are almost indistinguishable (Real series). The jewels play with the concept of value. The setting determines the shape of the brooch or the rings in this series, reminiscent of the design process of the first ring in 1962, which Gijs Bakker regarded as a really interesting design and which was made according to the same principle. In this instance he uses the high-tech rapid prototyping stereolithography technique to make a copy of a brooch which he then has painted by a skilled professional with imitation gems.

Series Real?, Nr.360
Stereolithographic model,
Oil paint
47 × 88 × 11 mm
One-off
Execution stereolithography
Materialise
Execution painting Gerbrand Bierenga
Photographer Rien Bazen

Gijs Bakker

Broche: Still Life
Brooch: Still Life
•
2008

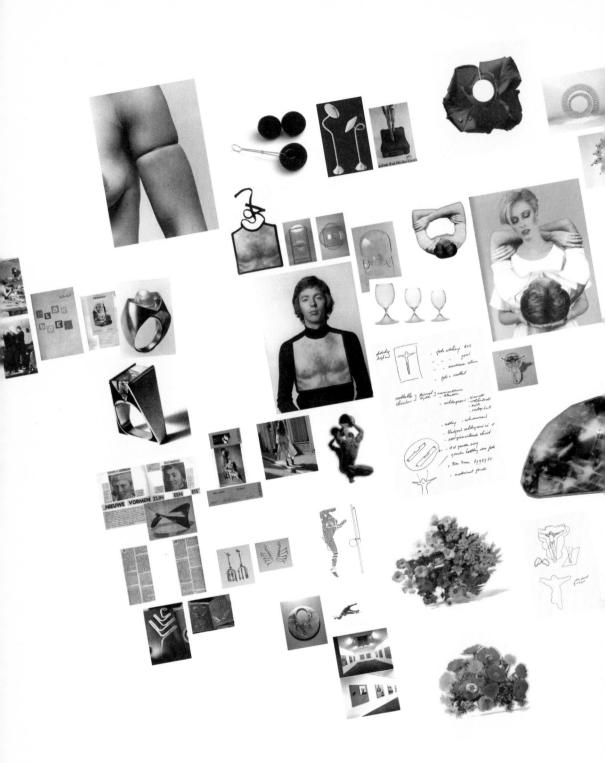

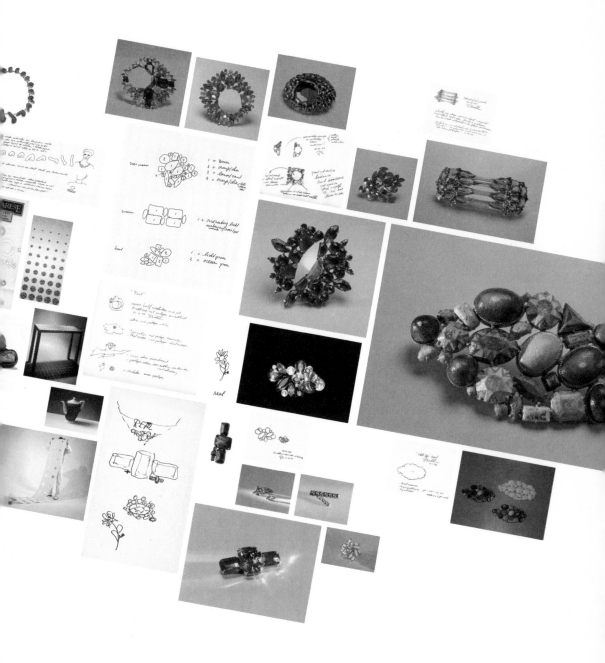

45

Scrapbook Gijs Bakker
and Emmy van Leersum, 1962-'63-'64-'65
• Scrapbook 1962 • Archive Gijs Bakker
SM's – Stedelijk Museum 's-Hertogenbosch

Klippekort, transport tickets
The Netherlands – Scandinavia, 30/9/1962 – 25/5/1963
• Scrapbook 1962 • Archive Gijs Bakker
SM's – Stedelijk Museum 's-Hertogenbosch

PLAK boEK

Nederland
Scandinavie

Gijs Bakker in workshop,
Instituut voor Kunstnijverheidsonderwijs, Amsterdam,
s.d. • Scrapbook 1962 • Archive Gijs Bakker SM's –
Stedelijk Museum 's-Hertogenbosch

Ring, untitled, Emmy van Leersum,
silver, tourmaline, 1963 • Archive Emmy van Leersum
SM's – Stedelijk Museum 's-Hertogenbosch

Ring: untitled, Gijs Bakker,
silver 925, rutilated rock-crystal, 1962
• Photographer Sjaak Ramakers

● Ring (1962), Gijs Bakker /
Ring (1963), Emmy van Leersum

De ring van zilver en bergkristal met
rutielnaalden (1962) ervaart Gijs Bakker
als een 'ontdekking', waarin hij voor het
eerst zetting en ringvorm tot één geheel
laat samenvloeien. Dit doet hij door
een platte strook in de vorm van een
trapezium te vouwen en hierin de drie-
hoekige steen te integreren. De formele
vernieuwing van het ontwerp, waarin
niets teveel is toegevoegd en alles puur
noodzaak is, vormt een ijkpunt in zijn
oeuvre. Een gelijkaardige oplossing past
Emmy van Leersum toe in haar ring uit
zilver en toermalijn (1963), waarin zetting
en ringvorm samenkomen in een meer
plastisch geheel, in relatie tot de vorm
van de steen.

Gijs Bakker experiences the ring of
silver and rutilated rock-crystal (1962) as
a 'discovery', in which he lets the setting
and the ring flow together as a whole.
He does this by folding a flat strip in the
form of a trapezium and integrating the
stone therein. The formal newness of the
design, in which nothing superfluous is
added and everything is pure necessity,
constitutes a milestone in his oeuvre.
Emmy van Leersum applies a similar
solution to her silver and tourmaline ring
(1963), in which setting and ring come
together in a more plastic whole, in relation to the shape of the stone.

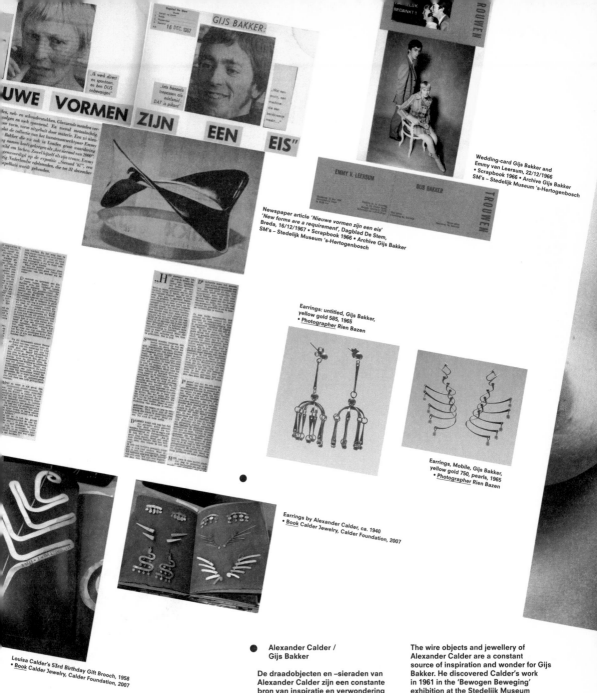

UWE **VORMEN** ZIJN **EEN** EIS"

GIJS BAKKER:

Wedding-card Gijs Bakker and
Emmy van Leersum, 22/12/1966
• Scrapbook 1966 • Archive Gijs Bakker
SM's – Stedelijk Museum 's-Hertogenbosch

Newspaper article 'Nieuwe vormen zijn een eis'
'New forms are a requirement', Dagblad De Stem,
Breda, 16/12/1967 • Scrapbook 1966 • Archive Gijs Bakker
SM's – Stedelijk Museum 's-Hertogenbosch

Earrings: untitled, Gijs Bakker,
yellow gold 585, 1965
• **Photographer** Rien Bazen

Earrings, Mobile, Gijs Bakker,
yellow gold 750, pearls, 1965
• **Photographer** Rien Bazen

Earrings by Alexander Calder, ca. 1940
• <u>Book</u> Calder Jewelry, Calder Foundation, 2007

Louisa Calder's 53rd Birthday Gift Brooch, 1958
• <u>Book</u> Calder Jewelry, Calder Foundation, 2007

● Alexander Calder /
Gijs Bakker

De draadobjecten en –sieraden van
Alexander Calder zijn een constante
bron van inspiratie en verwondering
voor Gijs Bakker. Hij ontdekte in 1961
Calders werk op de tentoonstelling
'Bewogen Beweging' in het Stedelijk
Museum in Amsterdam. In 1965 ontwierp
Bakker een aantal oorhangers waarin de
relatie met Calder duidelijk zichtbaar is.
De eenvoud van de verbindingen en de
abstractie en spanning van de continue
lijn vormen een grote bron van fascinatie
en inspiratie.

The wire objects and jewellery of
Alexander Calder are a constant
source of inspiration and wonder for Gijs
Bakker. He discovered Calder's work
in 1961 in the 'Bewogen Beweging'
exhibition at the Stedelijk Museum
in Amsterdam. In 1965, Bakker has
designed earrings in which the relationship with Calder is clearly visible. The
simplicity of the connections and the
abstraction and tension of the continu-
ous line are a great source of fascination
and inspiration.

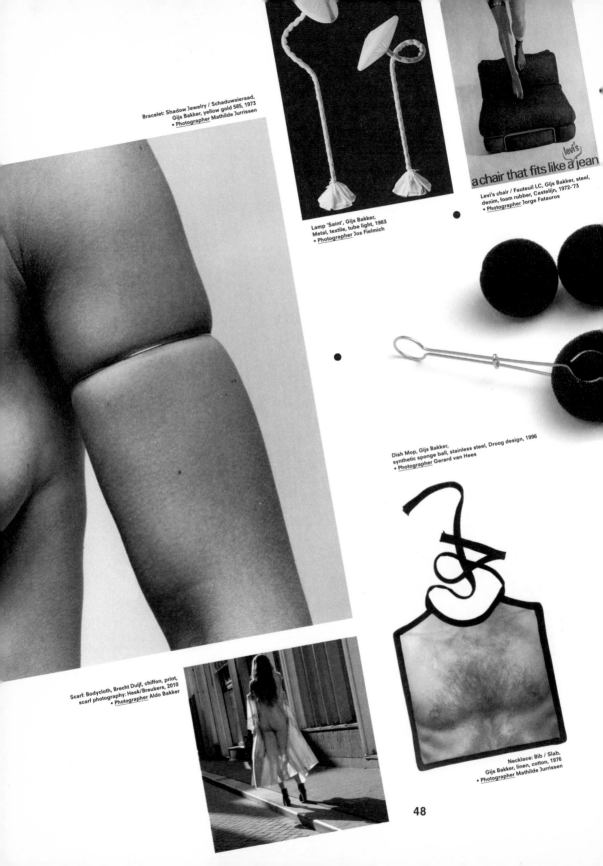

Bracelet: Shadow Jewelry / Schaduwsieraad,
Gijs Bakker, yellow gold 585, 1973
• Photographer Mathilde Jurrissen

Lamp 'Saint', Gijs Bakker,
Metal, textile, tube light, 1983
• Photographer Jos Fielmich

a chair that fits like a jean

Levi's chair / Fauteuil LC, Gijs Bakker, steel,
denim, foam rubber, Castelijn, 1972-'73
• Photographer Jorge Fatauros

Dish Mop, Gijs Bakker,
synthetic sponge ball, stainless steel, Droog design, 1996
• Photographer Gerard van Hees

Scarf: Bodycloth, Brecht Duijf, chiffon, print,
scarf photography: Heek/Breukers, 2010
• Photographer Aldo Bakker

Necklace: Bib / Slab,
Gijs Bakker, linen, cotton, 1976
• Photographer Mathilde Jurrissen

48

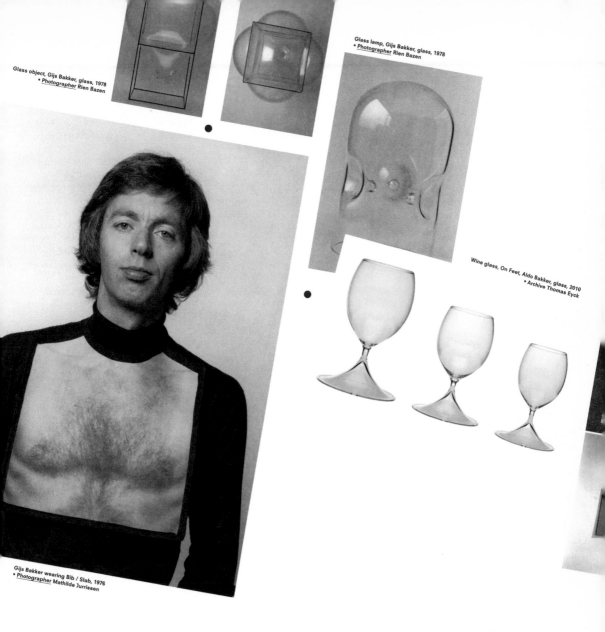

Glass object, Gijs Bakker, glass, 1978
• Photographer Rien Bazen

Glass lamp, Gijs Bakker, glass, 1978
• Photographer Rien Bazen

Wine glass, On Feet, Aldo Bakker, glass, 2010
• Archive Thomas Eyck

Gijs Bakker wearing Bib / Slab, 1976
• Photographer Mathilde Jurrissen

● Shadow Jewelry (1973), Gijs Bakker / Necklace: Bib/Slab (1976), Gijs Bakker / Dish Mop (1996), Gijs Bakker / Levi's Chair (1972-'73), Gijs Bakker / Glass Object (1978), Gijs Bakker / Glass lamp (1978), Gijs Bakker / Lamp Saint (1983), Gijs Bakker / wine glasses On Feet (2010), Aldo Bakker

Met zijn schaduwsieraden snoert Gijs Bakker de huid in met gouddraad, waarbij de achtergelaten afdruk aanleiding geeft tot sieraden van tijdelijke aard. Het zijn ultieme commentaren op de eeuwigheidswaarde van sieraden. De ontdekking dat de huid een sieraad kon zijn evolueerde verder tot het concept van het slabbetje Bib/Slab, waarop de blote borst is afgebeeld. Het insnoeren van de materie is ook toegepast bij de afswasbol ('Dish Mop'), oorspronkelijk

ontworpen ter gelegenheid van de zeventigste verjaardag van de HEMA en nu geproduceerd door Droog, waarbij een sponsballetje wordt samengeknepen door een metalen handvat. Een vergelijkbare structurele combinatie is ook zichtbaar in de Levi's Chair. En ook in het Glass object, de Glass lamps en de Lamp Saint bepaalt het principe van insnoeren/indrukken/samendrukken de uiteindelijke formele eigenschappen van het ontwerp. Het proces van insnoeren van een glascilinder tot drinkglas, geeft bij Aldo vorm aan de reeks wijnglazen 'On Feet', waarbij de zuiverheid van concept en vorm in evenwicht zijn met elkaar.

In his Shadow Jewelry, Gijs Bakker wraps the body with gold wire, and creates temporary jewellery with the impressions that are left in the skin.

They are an ultimate commentary on the eternal value of jewellery. The discovery that skin could be an ornament evolved further into the concept of the bib Bib/Slab, on which a bare chest is shown. The constriction of material was also used in the dish washing mop ('Dish Mop'), originally designed to celebrate the seventieth anniversary of HEMA and now produced by Droog, in which a sponge ball is squeezed by a metal handle. A similar structural combination is also visible in the Levi's Chair. In the Glass object, Glass lamps and the Lamp Saint the principle of binding/pressing/ squeezing also defines the formal properties of the final design. The process of binding a glass cylinder into the form of a glass forms the basis for Aldo's series of wine glasses 'On Feet', in which conceptual and formal purity are brought in equilibrium with each other.

Exhibition 'Sieraden, een keuze door Emmy van Leersum', Kunstencentrum Badhuis, Gorinchem, 1977 • Scrapbook 1975 • Archive Gijs Bakker SM's – Stedelijk Museum 's-Hertogenbosch • Photographer Rien Bazen

Necklace: Margrethe Series Queens, Gijs Bakker, colour photo, pvc, 1977 • Photographer Rien Bazen

Lichamelijkheid

Het lichaam is in de uitgangspunten van de drie ontwerpers een telkens terugkerend begrip. De fascinatie van Emmy is niet het sieraad *an sich*, maar eerder de mens en de vormen. Benno Premsela noemde het 'een nieuw soort body-art', waarbij de relatie tussen sieraad en lichaam centraal staat en 'gewricht-achtige objecten' worden gecreëerd. Dit nieuwe tussengebied bewandelt ze samen met haar man. Gijs gaat echter nog verder en vindt de standaardisering van het lichaam problematischer. Met zijn Bib/Slab en Shadow Jewelry stelt hij de identiteit van het lichaam centraal. Bij Aldo vormen tijdens het gebruik de objecten verlengstukken van het lichaam. De Franse filosoof Merleau-Ponty benadrukt dat alle menselijke kennis lichamelijk is: het lichaam zorgt ervoor dat de wereld een maat krijgt die wij als mens aankunnen. Dit belang van lichamelijkheid zit sterk verweven in Aldo's ontwerpvisie. Voor de gebruikers betekenen de objecten in de eerste plaats de uitbreiding van hun eigen lichamelijk-in-de-wereld-zijn; in de fenomenologie noemt men dit 'verlijfelijking', omdat ze heel scherp het concrete aanduiden van datgene waarmee we vergroeid zijn. Het is net die verlijfelijking die Aldo Bakker als uitgangspunt neemt van het ontwerp van zijn dingen. Zitten, hurken, leggen, likken, drinken, gieten, strelen … Aldo slaagt erin verder te gaan dan de evidente functie en te appelleren aan een scala van zintuiglijke oerervaringen. Op het eerste gezicht lijken dit secundaire functies maar in zijn en onze handen worden ze primair.

Physicality

As an underlying principle, the body is a recurring concept in the work of the three designers. Emmy's fascination is not the ornament in itself, but rather man and form. Benno Premsela called it 'a new kind of body art', in which the relationship between ornament and body stands central and 'joint-like objects' are created. She explores this new in-between territory together with her husband. Gijs goes even further and finds the standardization of the body even more problematic. With Bib/Slab and Shadow Jewelry he focuses on the identity of the body. With Aldo, the objects, when used, form extensions of the body. The French philosopher Merleau-Ponty emphasizes that all human knowledge is physical: the body makes that the world is given a size that we as humans can handle. This importance of physicality is firmly woven into Aldo's design vision. For the users, the objects in the first place imply the expansion of their own body-in-the-world-ness, in phenomenology this is called 'physicalisation' because they sharply indicate the specificity of the very things we have become familiar with. It is precisely this physicalisation which Aldo Bakker uses as a starting point for the design of his objects. Sitting, squatting, laying, licking, drinking, pouring, caressing ... Aldo manages to go beyond the obvious function and appeal to a variety of basic sensory experiences. At first glance, these seem secondary functions but in his and our hands they become primary.

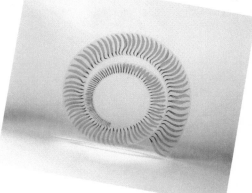

Necklace: Dahlia Necklace / Dahlia collier, Gijs Bakker, flower petals, p.v.c., 1984
• *Photographer* Rien Bazen

Necklace: Dew Drop, Gijs Bakker, colour photo, p.v.c., 1982
• *Photographer* unknown

Necklace: Embrace / Omarming, Gijs Bakker, b/w photo, p.v.c., 1982
• *Photographer* Jos Fielmich

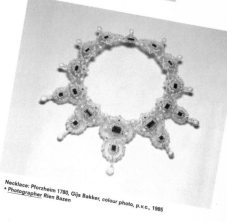

Necklace: Pforzheim 1780, Gijs Bakker, colour photo, p.v.c., 1985
• *Photographer* Rien Bazen

Sketches for <u>Series</u> Holysport,
Gijs Bakker, 1998 • Archive Gijs Bakker SM's –
Stedelijk Museum 's-Hertogenbosch

Brooch: Waterman, Gijs Bakker,
white gold 585, diamonds, b/w photo, p.v.c., 1990
• <u>Photographer</u> Rien Bazen

Brooch design
<u>Series</u> Sportfiguren, Gijs Bakker, s.d. • Archive Gijs Bakker
SM's – Stedelijk Museum 's-Hertogenbosch

Brooch: Moses
<u>Series</u> Sportfiguren, Gijs Bakker,
yellow gold 585, colour photo, p.v.c., 1987
• <u>Photographer</u> Rien Bazen

Brooch: Bouquet Brooch
<u>Series</u> Bouquet Brooches, Gijs Bakker,
yellow gold 750, tourmaline, colour photo, p.v.c., 1989
• <u>Photographer</u> Rien Bazen

Brooch: Praha Der Star
<u>Series</u> Holysport, Gijs Bakker,
silver 925, computer manipulated
photo, plexiglass, 1998
• <u>Photographer</u> Rien Bazen

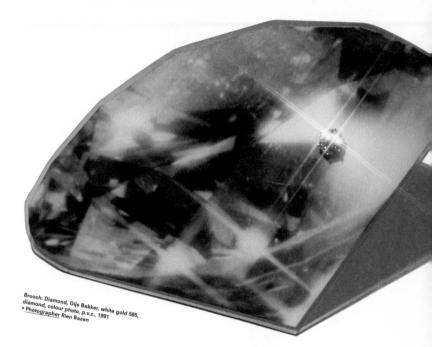

Brooch: Diamond, Gijs Bakker, white gold 585,
diamond, colour photo, p.v.c., 1991
• <u>Photographer</u> Rien Bazen

Sketches for <u>Series</u> Holysport, Gijs Bakker, 1998
• <u>Archive</u> Gijs Bakker SM's – Stedelijk Museum 's-Hertogenbosch

zilver gezwart
of 14 ct. goud

Brooch: Bouquet Brooch
<u>Series</u> Bouquet Brooches, Gijs Bakker, yellow gold 750,
2 yellow sapphires, colour photo, p.v.c., 1989
• <u>Photographer</u> Rien Bazen

Gijs Bakker

Inspiratiebronnen

Emmy, Gijs en Aldo hebben geen inspiratiebronnen in de letterlijke zin van het woord. De noodzaak en het vertrekpunt van hun werk dienen eerder bij hen zelf gezocht te worden. Zelf formuleren ze een programma en een verhaal. Het werk is eerder het resultaat van een zelf uitgestippeld onderzoeksparcours dat zich verder ontplooit in series. Vorm en materiaal zijn geen doel op zich maar een middel om zich uit te drukken. Zo is het werk van Emmy ook niet geïnspireerd op het werk van de constructivistische kunstenaar Ad Dekkers, je kan het eerder een verwantschap noemen. Bij Gijs is het constructieprincipe van zijn puntlasarmband, dat hij leent bij Bruno Munari, het enige aspect dat je echt rechtstreeks in verband kan brengen met een andere ontwerper. Hij laat zich inspireren door de juwelen van Alexander Calder, lichamen die topprestaties leveren, krantenknipsels, het lichaam van de drager, de functionele en constructieve analyse van het product of object in een context, de ring van Möbius van Max Bill enzovoorts. Ook bij Aldo zijn kunstenaars en architecten belangrijke inspiratiebronnen voor zijn werk. Ze vormen een constante voedingsbodem en herkenning. Ook zijn grote appreciatie voor en affiniteit met het werk van Emmy zijn hierbij belangrijk. Zijn Glass-line is niet geïnspireerd op Emmy's oeuvre, het is er wel mee verwant.

Sources of inspiration

Emmy, Gijs and Aldo have no actual sources of inspiration in the literal sense. The need for and the starting point of their work is rather to be found within themselves. They each formulate their own individual programme and storyline. The work is rather the result of a self-defined investigative trajectory that unfolds through series. Form and material is not an end in itself but a means of expression. In this way, the work of Emmy is not inspired by the work of the constructivist artist Ad Dekkers, but could rather be called a kinship. Gijs' design principle for his Point Welded Bracelet, which he borrows from Bruno Munari, is the only aspect that can be directly related to another designer. He is inspired by the jewellery of Alexander Calder, bodies that deliver top performances, newspaper clippings, the body of the wearer, the functional and structural analysis of the product or object in a context, the Möbius ring by Max Bill and so on. For Aldo, artists and architects are also important sources of inspiration for his work. They form a constant breeding ground and a source of recognition. His great affinity and appreciation for the work of Emmy are in this sense important. His Glass-line is not directly inspired by Emmy's oeuvre, but it is in a sense related.

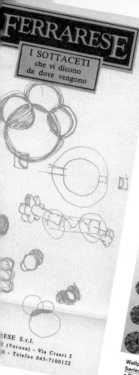

Sketches for the <u>Series</u> Shot,
Gijs Bakker, s.d. • Archive Gijs Bakker
SM's – Stedelijk Museum 's-Hertogenbosch

Wallpaper 'Peepshow'
<u>Series</u> Holes, Gijs Bakker, paper, Droog Design, 1992
• <u>Photographer</u> Hans van der Mars

Fruit table with holes
<u>Series</u> Holes, Gijs Bakker, maple, 1993
• <u>Photographer</u> Rien Bazen

Coffeepot 'Knitted Maria',
Gijs Bakker, porcelain, cotton, glaze,
Droog Design for Rosenthal, 1997
• <u>Photographer</u> unknown

Brooch: Ferrari Dino 206 SP 1966,
<u>Series</u> I Don't Wear Jewels, I Drive Them,
Gijs Bakker, silver 925, fire opal,
colour photo, plexiglass, 2001
• <u>Photographer</u> Rien Bazen

' Voor mij staat opera gelijk aan Maria Callas
en grote emoties, theatraliteit en grootsheid,
terwijl Emmy een veel romantischer smaak
had, met bijvoorbeeld Gianna D'Angelo, wat
ik destijds heel ouderwets vond. Callas was
voor mij rauw en de nieuwe tijd. Ik begon
op mijn veertiende naar muziek te luisteren
vanuit een a-cultureel milieu en dan was
Callas voor mij het nieuwe geluid. Ik kon
daarbij echt wegdromen in mijn eigen wereld
van muziek. Dit geeft ook echt de karakter-
verschillen tussen Emmy en mij weer. Dat
theatrale van mij versus het verstilde en
geconcentreerde van Emmy. Dat is iets wat
in het wezen van ons beiden zit en waarmee
we elkaar gevoed hebben.'

' For me, opera stands for Maria Callas and
great emotions, theatricality and grandeur,
while Emmy had a much more romantic taste,
with for example Gianna D'Angelo, which I
then thought was very old fashioned. For me,
Callas was raw and the new time. I started to
listen to music when I was around fourteen
from an a-cultural environment and for me
Callas was the new sound then. I could really
dream and be taken away in my own world
of music. This really shows the differences
in character between Emmy and me. The
theatrical in me versus Emmy's quietness
and concentration. That is something that ex-
ists in our essence and with which we have
fed each other.'

Gijs Bakker

Wallpaper 'Peepshow',
<u>Series</u> Holes, Gijs Bakker, paper, Droog Design, 1992
• <u>Photographer</u> Joke Robaerd

Sketches for the Series Real, Gijs Bakker,
25/12/2006 • Archive Gijs Bakker

ruwe half edelsteen met gat
Amethist met geslepen Amethist
25-12-06 *GBakker*
citrien met geslepen citrien

- Toermalijn met geslepe toermalijn
- Chalcedoon met geslepen chalcedoon

- ruwe steen doorboord
- geslepen steen door zetting verbonden
                                met sluiting

- oorbellen ruw- geslepen

Sketch for the Series Real,
Gijs Bakker, s.d. • Archive Gijs Bakker
SM's – Stedelijk Museum 's-Hertogenbosch

real

Sketches for the Series Real,
Gijs Bakker, s.d. • Archive Gijs Bakker
SM's – Stedelijk Museum 's-Hertogenbosch

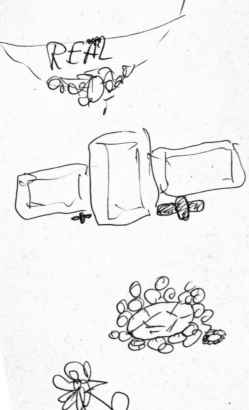

REAL

Drawing for Blue Sea Brooch,
Gijs Bakker, s.d.
• Archive Gijs Bakker

Verwondering

Een andere rode draad in het werk van de drie ontwerpers, is de aandacht die de objecten bij de toeschouwer afdwingen, waardoor deze verwonderd achterblijft. Bij <u>Emmy</u> is de 'lijn'tekening een belangrijk element. Die tekening, dikwijls horend bij een object, is een lijn of een aantal lijnen die rond het lichaam worden gedraaid en waardoor een driedimensionaal geheel ontstaat dat verwondering oproept. Bij <u>Gijs</u> is het aspect van verwondering het duidelijkst zichtbaar in de serie 'Real' of de 'Bib/Slab', waarbij begrippen als 'echt' en 'onecht' met elkaar flirten. Misleiding lijkt in zijn werk een constante. Bij de ontwerpen van <u>Aldo</u> onthult de functie zich pas tijdens de manipulatie van de dingen en worden ze weer autonome wezens als de gebruiker ze achterlaat. Ze verwonderen in hun ding-zijn. Het aspect van verwondering vormt bij Emmy, Gijs en Aldo een interessante paradox: op het eerste gezicht lijkt hun werk duidelijk en evident, maar bij nader inzien blijkt het complexer, heeft het meer facetten en is het rijker.

Wonder

Another recurring theme in the work of the three designers is the attention-demanding manner in which the objects affect the viewer, leaving them in awe. The 'line' drawing is an important element for <u>Emmy</u>. This drawing, often already belonging to an object, is a line or a number of lines that are twisted around the body, thereby creating a three dimensional form that evokes wonder. With <u>Gijs</u>, the aspect of wonder is most evident in the series 'Real' or 'Bib/Slab', where concepts such as 'real' and 'false' flirt with each other. Deception seems a constant in his work. The designs of <u>Aldo</u> reveal their function only during the manipulation and they become autonomous beings again when the user puts them down. They create wonder through their thing-ness. The element of surprise is for Emmy, Gijs and Aldo an interesting paradox: at first glance, their work is clear and obvious, but on closer inspection it appears complex, seems to have more facets and becomes richer.

Brooch: Larvebrooch
<u>Series</u> Real, Gijs Bakker, 1 x diamond brilliant 0,30 ct, 12 x diamond brilliant 0,40 ct, 12 x agate, white gold 14 krt, metal, plastic, 2006
• <u>Photographer</u> Rien Bazen

<u>Series</u> Real, Gijs Bakker, rhodium-plated white gold 585, diamond, glass, metal, 2004
Brooch: Leaves
• <u>Photographer</u> Rien Bazen

<u>Series</u> Real, Gijs Bakker, white gold 585, sapphire, plastic, metal, 2004
Brooch: Blue Sea
• <u>Photographer</u> Rien Bazen

Brooch: Goldstick
<u>Series</u> Real, Gijs Bakker, yellow gold 750, diamond, glass, metal, 2004
• <u>Photographer</u> Rien Bazen

2 = oranje/oker
3 = lemon sand
4 = oranje/olie

zeer warm

Sketches for the <u>Series</u> Real, Gijs Bakker, s.d.
• Archive Gijs Bakker SM's –
Stedelijk Museum 's-Hertogenbosch

1 = oud water
aubergine

warm

' De schoonheid van de materie op zich is
vaak voor mij al een belemmering om daar
iets mee te doen, bijvoorbeeld als het gaat
om edelstenen. Materiaal is secundair, ik heb
geen voorkeursmaterialen. Het belangrijkste
is dat ze juist gebruikt worden.'

' The beauty of the material itself is often
already a barrier for me to do something with
it, for instance when it comes to precious
stones. Material is secondary, I have no
preferred materials. What is most important
is that they are used appropriately.'

Gijs Bakker

1 = licht
2 = oce

koel

BONTE KOE
iets rechts van het midden
GB 15-05-05

Drawing for Brooch: Bonte Koe, Gijs Bakker,
15/05/2005 • Archive Gijs Bakker

Brooch: Bonte Koe <u>Series</u> Real, Gijs Bakker,
3 x smoke quarts, 2 x marcasite 3,99 ct,
3 x corund marcasite 3,63 ct, 2 x diamond 0,19 ct,
2 x diamond rose 0,70 ct, 2 x diamond brilliant 6,2 ct,
yellow gold 14 krt, metal, glass, plastic, 2005
• <u>Photographer</u> unknown

Hole Brooch
<u>Series</u> Real?, Gijs Bakker, glass, chromed brass, 2007
• <u>Photographer</u> Rien Bazen

Cross Brooch with Hole
<u>Series</u> Real?, Gijs Bakker, glass, chromed brass, 2008
• <u>Photographer</u> Rien Bazen

Brooch with Black Hole
<u>Series</u> Real?, Gijs Bakker, glass, brass, stainless steel, silver, wolframcarbide, 2008
• <u>Photographer</u> Rien Bazen

Slit Brooch
<u>Series</u> Real?, Gijs Bakker, glass, chromed brass, 2008
• Photographer Rien Bazen

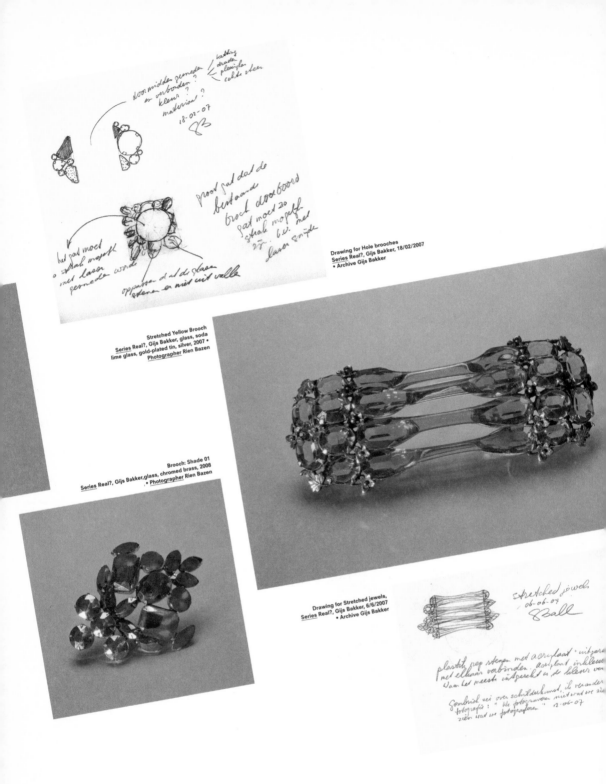

Drawing for Hole brooches
Series Real?, Gijs Bakker, 18/02/2007
• Archive Gijs Bakker

Stretched Yellow Brooch
Series Real?, Gijs Bakker, glass, soda
lime glass, gold-plated tin, silver, 2007 •
Photographer Rien Bazen

Brooch: Shade 01
Series Real?, Gijs Bakker, glass, chromed brass, 2008
• Photographer Rien Bazen

Drawing for Stretched jewels,
Series Real?, Gijs Bakker, 6/6/2007
• Archive Gijs Bakker

Still Life Brooch Series Real?, Gijs Bakker,
stereolithographic model, oil paint, 2008
• Photographer Rien Bazen

Drawing for Still Life Brooch,
Series Real?, Gijs Bakker, 11/11/2007
• Archive Gijs Bakker

"Still life" brooch
Ball
11-11-07

1:1

- Broch scannen
- Rapid prototyping
- Fijnschilder   90 - 100 - 110 mm
edthis in 3 pc mant

Original costume jewellery brooch, white
stereolithographic model and Still Life Brooch, Gijs Bakker
• Photographer Evelien Bracke

Al op jeugdige leeftijd was Aldo Bakker gefascineerd door het materiaal glas. Op zijn zestiende maakte hij zijn eerste ontwerp: een champagneglas. Sindsdien onderzoekt hij de mogelijkheden van dit eeuwenoude materiaal en tracht hij de bestaande vormentaal ervan te hertalen. De Glass-line is ontstaan door een reeks van referentiepunten die het programma en de vormgeving bepalen. Elk glas staat op zich en heeft naast een eigen duidelijke identiteit ook een eigen functie (champagne, whisky, grappa, water/bier, wijn, port en cognac). De glazen worden vervaardigd uit een standaardbuis van laboratoriumglas, die wordt uitgetrokken en ingesnoerd. De kwaliteiten van het glas maken de strenge schets en lijntekening vloeiend.

Champagne, water en bier (stapelbaar), wijn, cognac, whiskey, port, grappa
Serie Glassware
borosilicaat glas
Prototype en ontwikkeling Ed Wilhelm
Productie Petran
Verdeling Thomas Eyck
Fotograaf Maarten Willemstein

Aldo Bakker has been fascinated by the material glass from an early age. At sixteen he made his first design: a champagne glass. Since then he explores the possibilities of this ancient material and tries to reinterpret the existing formal language of glass. The Glass-line was created through a series of reference points that define the program and the design. Each glass is unique and has, aside from its own specific identity, also its own function (champagne, whiskey, grappa, water/beer, wine, port and cognac). The glasses are made from a standard laboratory glass tube, which is pulled and bound. The qualities of the glass soften the severe line drawings and sketches.

Champagne, beer and water (stackable), wine, cognac, whiskey, port, grappa
Series Glassware
Borosilicate glass
Prototyping and Developing Ed Wilhelm
Production Petran
Represented by Thomas Eyck
Photographer Maarten Willemstein

Aldo Bakker

Glass-line
●
1998

De eerste tekeningen van dit ontwerp dateren uit dezelfde periode als die voor de Glass-line en de Side table. De collectie omvat onder meer kaarsenhouders, een mengkom, een krukje en een sojakannetje. De gieter kan zowel rechtop staan, als na gebruik vlak neergelegd worden. Het ontwerp wordt bepaald door één centrale en vloeiende lijn die een dikte krijgt en waardoor een containerfunctie ontstaat. De lijn verenigt vorm en functie tot één symbiotisch en logisch geheel.

<u>Serie</u> Copper collection
Koper
240 × 200 × 20 mm
<u>Productie</u> Jan Mathesius
<u>Verdeling</u> Thomas Eyck
<u>Fotograaf</u> Marten Aukes

The first drawings of this design date from the same period as the Glass-line and the Side table. The collection includes candle holders, a mixing bowl, a stool and a soy pourer, among other items. The watering can can either stand upright, or be put down after use. The design is defined by one central flowing line that is given a width, which creates a container function. The line combines form and function into a symbiotic and logical whole.

<u>Series</u> Copper Collection
Copper
240 × 200 × 20 mm
<u>Production</u> Jan Mathesius
<u>Represented by</u> Thomas Eyck
<u>Photographer</u> Marten Aukes

<u>Aldo Bakker</u>

Watering can
●
2009 — 2010

Bijzettafeltje met opberggedeelte en deksel. De eerste schetsen dateren uit 1998, toch duurde het tien jaar voordat de uitvoering ervan vorm kreeg. Er volgden zeven verschillende versies van de technische tekening alvorens de modellen werden gemaakt. De Side table bestaat uit twee verschillende soorten hard polyurethaanschuim en epoxy. De poten zijn vervaardigd uit epoxy, omdat deze voldoende stijf moeten zijn. Ze werden in een polyurethaan matrijs gegoten. De buik is uit het lichtste soort schuim gefreesd om gewicht te besparen, het deksel is iets zwaarder. Vervolgens zijn de delen met elkaar verlijmd en bewerkt. In de laatste fase werd de Side table door Mariko Nishide met de Japanse lak urushi in één kleur gelakt. Het lakproces kent zestig stadia. Dit impliceert dertig laklagen, afgewisseld met schuren en polijsten. De hoogglans en spiegelgladde oppervlakte ontstaat door eindeloos lakken en schuren met als laatste fase het polijsten. Hierdoor worden een fascinerend diepteeffect en reflectie verkregen. Je zou eerder kunnen spreken van 'wezens' dan van 'objecten'. Het animale karakter blijkt een constante in zijn ontwerpen. De vorm ontstaat uit de schets en is altijd het basisprincipe. Het karakter en de houding van het ding/wezen worden bepaald door de lijn.

Side table with storage and lid. The first sketches date from 1998, but it took ten years before the execution actually took shape. There were seven different versions of the technical drawing before the models were made. The Side table consists of two different types of hard polyurethane foam and epoxy. The legs are made of epoxy, because they have to be sufficiently stiff. They were cast into a polyurethane mould. The belly is milled from the lightest kind of foam to save weight, the lid is slightly heavier. Subsequently, the sections are glued together and finished. In the final stage, the side table is lacquered in one colour by Japanese Urushi lacquerer Mariko Nishide. The coating process has sixty stages. This implies thirty coats of lacquer, interspersed with sanding and polishing. The high gloss and mirror-smooth surface is created by endless lacquering and sanding and a final polishing sequence. In this way, a fascinating sense of depth and reflection are created. One would rather speak of 'beings' than of 'objects'. The animal character is a constant in his designs. The shape originates in the sketch and always forms the basic principle. The character and attitude of the thing/being is determined by the line.

Serie Urushi serie
PU schuim met lila urushi
800 × 550 × 340 mm
Productie Mariko Nishide (urushi), Groothuis (vorm)
Urushi leverancier Takuo Matsuzawa, Joboji Urushi Sangyo
Verdeling Particles Gallery
Fotograaf Erik en Petra Hesmerg

Series Urushi series
PU foam with lilac urushi
800 × 550 × 340 mm
Production Mariko Nishide (urushi), Groothuis (shape)
Urushi supplier Takuo Matsuzawa, Joboji Urushi Sangyo
Represented by Particles Gallery
Photographers Erik and Petra Hesmerg

Aldo Bakker

Side table
•
2008

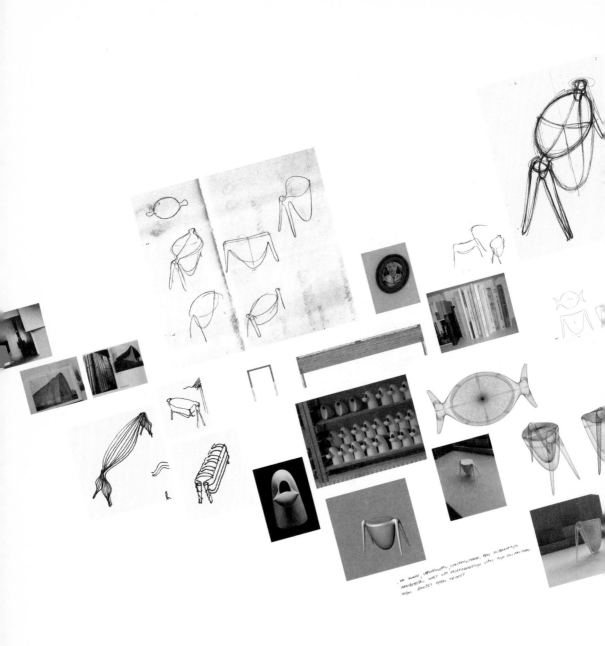

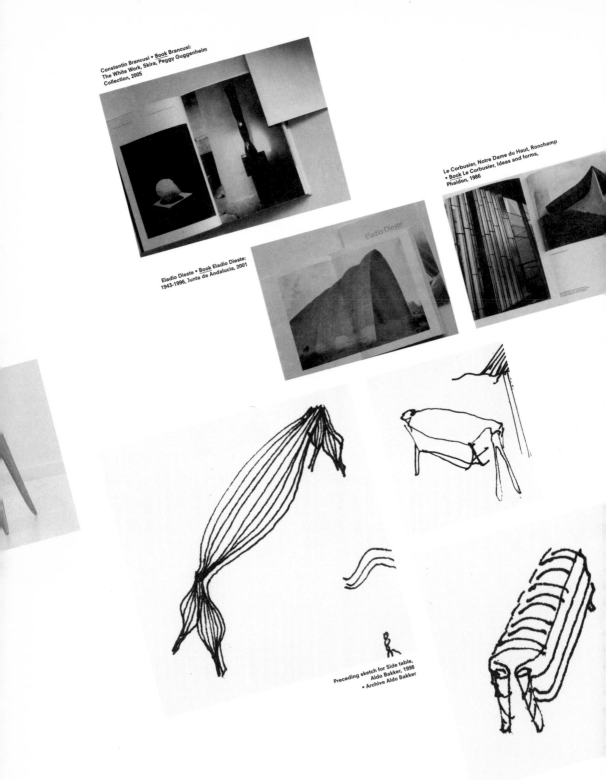

Constantin Brancusi • Book Brancusi:
The White Work, Skira, Peggy Guggenheim
Collection, 2005

Le Corbusier, Notre Dame du Haut, Ronchamp
• Book Le Corbusier, Ideas and forms,
Phaidon, 1986

Eladio Dieste • Book Eladio Dieste:
1943-1996, Junta de Andalucia, 2001

Preceding sketch for Side table,
Aldo Bakker, 1998
• Archive Aldo Bakker

70

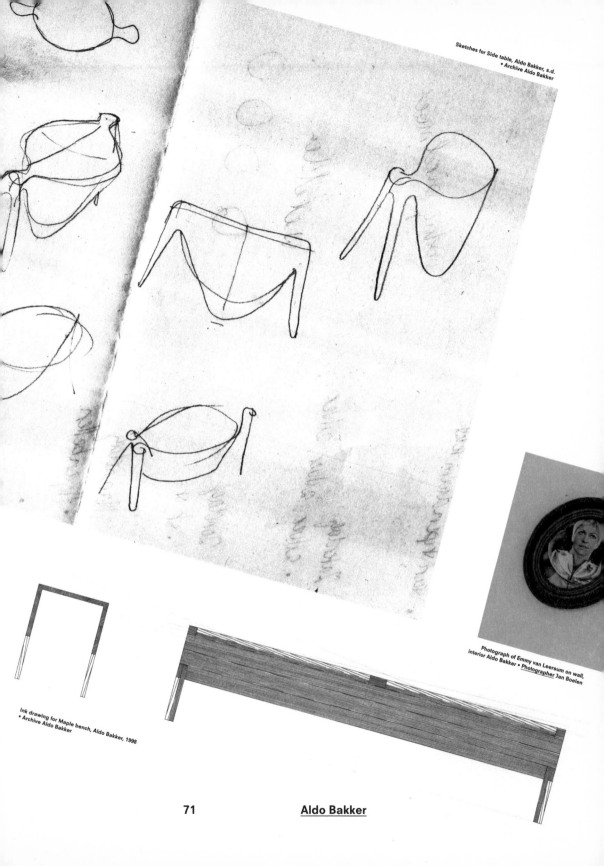

Aldo Bakker

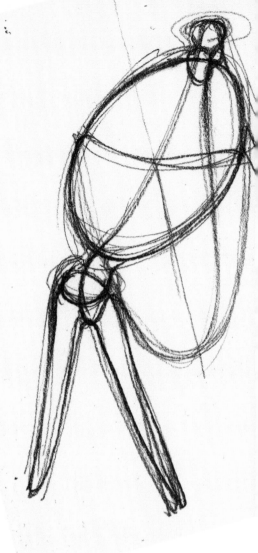

' Dat wat er is, wil ik gebruiken. Dat is op zich al een hele rijke bron. Mijn talent ligt voornamelijk in de vertaling van wat er al is; om dat vervolgens op een hoger plan te brengen. Ik begin steeds met een beeld en op het moment dat ik dat beeld en die vorm begrijp, koppel ik het aan een functie. Ook het materiaal staat altijd in dienst van een idee. Ik wil dat de dingen zichzelf legitime- ren. Ze moeten in staat zijn zelf een context te scheppen.'

' What there is, I want to use. That in itself is already a very rich source. My talent lies mainly in the translation of what is already there, and then bring it to a higher level. I always start with an image and the moment I understand this form and this image, I link it to a function. The material always stands in service of an idea. I want things to legitimate themselves. They must be able to create their own context.'

Aldo Bakker

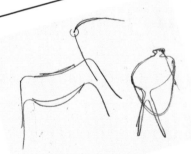

Inspiring books, interior Aldo Bakker
• Photographer Evelien Bracke

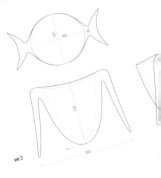

Technical drawing Side table,
Aldo Bakker, 2008
• Archive Aldo Bakker

ver.3

Samenwerkingsverbanden

Samenwerkingsverbanden lijken een constante in de werkwijze van Emmy, Gijs en Aldo. Zo is Gijs+Emmy het gezamenlijk stempel dat Gijs en Emmy in de tweede helft van de jaren zestig hanteren. Het wijst eerder op eenstemmigheid, dan dat elk ontwerp aan beiden kan worden toegeschreven. Het plusteken, opgebouwd uit de negatieve ruimte tussen vier vierkanten, draagt die individualiteit en samenhang in zich; co-auteurs die samen werken en elkaar feedback geven. Een wederzijdse bevruchting van twee verschillende karakters. Ook opmerkelijk is de expliciete vermelding van de producenten en vakmensen die de prototypes en kleine series van Gijs en Aldo maken. Zelfs autodidact en zoon Aldo doet op een bepaald moment uitvoerend werk voor vader Gijs. Aldo werkt op zijn beurt samen met Mariko Nishide voor de Urushi serie en met Frans Ottink voor het porselein.

Bij Gijs zijn samenwerkingsverbanden een vanzelfsprekendheid: als docent in het onderwijs, als artistiek directeur bij het label Chi ha paura...? en bij het label Droog, waar hij jonge ontwerpers de kans gaf/geeft om nieuw werk te (laten) maken. De sieraden van Gijs worden reeds vele jaren door Pauline Barendse uitgevoerd.

Partnerships

Partnerships seem a constant in the working processes of Emmy, Gijs and Aldo. In this way, Gijs+Emmy is the joint hallmark Gijs and Emmy use in the second half of the sixties. It suggests a consensus rather than that each design can be specifically attributed to both. The plus sign, consisting of the negative space between four squares, contains this individuality and togetherness within itself; co-authors who work together and give each other feedback. A cross-fertilization of two different characters. Also noteworthy is the explicit mention of the producers and professionals who produce Gijs and Aldo's prototypes and small series. Even self-taught son Aldo is at a given time doing production work for father Gijs. Aldo works in turn together with Mariko Nishide for the Urushi series and with Frans Ottink for the porcelain.

For Gijs, alliances are a matter of course: as a teacher in education, as artistic director of the label Chi ha paura ...? and with the Droog label, where he gave/gives young designers the chance to make new works/have new works made. Gijs' ornaments have been produced by Pauline Barendse for many years.

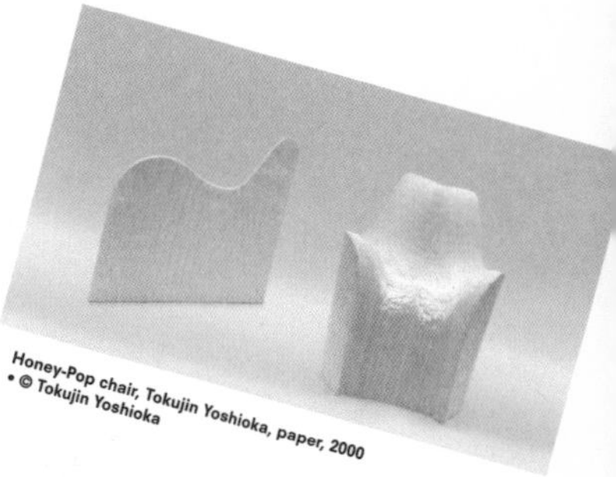

Honey-Pop chair, Tokujin Yoshioka, paper, 2000
• © Tokujin Yoshioka

Side table, top view
3D computer drawing, Aldo Bakker, 2008
• Archive Aldo Bakker

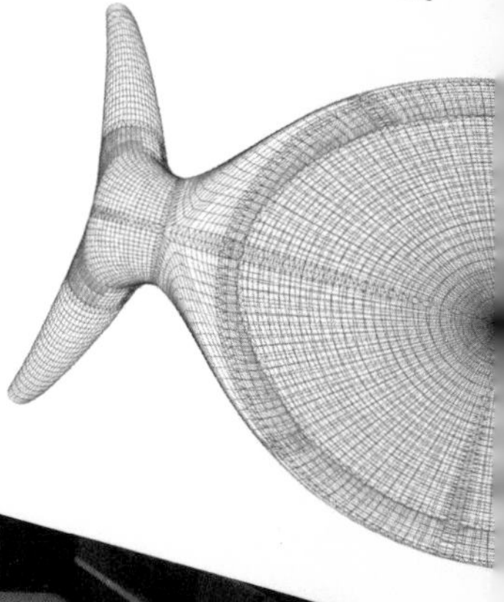

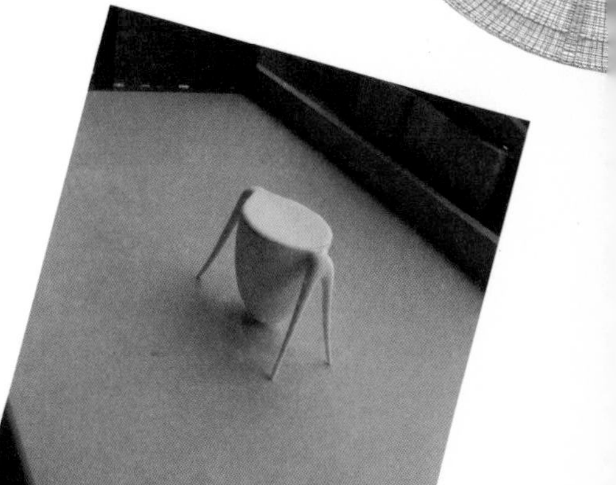

Rapid prototype model Side table, Aldo Bakker, model made by Takeshi Kuboi, 2008
• Photographer Aldo Bakker

Notes in sketchbook, Aldo Bakker
• Archive Aldo Bakker

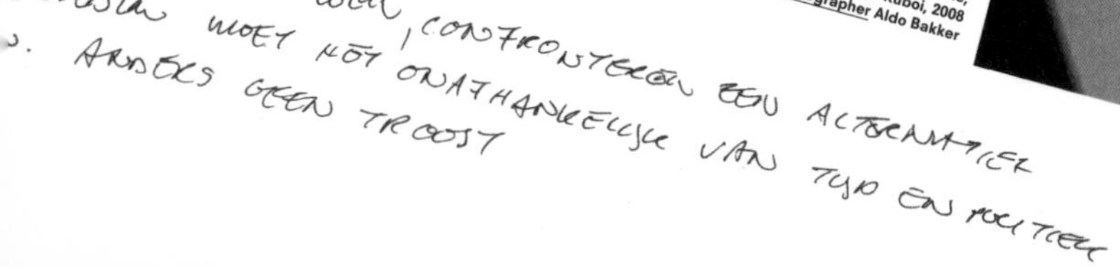
KUNST, VERNIEUWEN, CONFRONTEREN EEN ALTERNATIEF
BESTAAN MOET MET ONAFHANKELIJK VAN TIJD EN POLITIEK
ANDERS GEEN TROOST

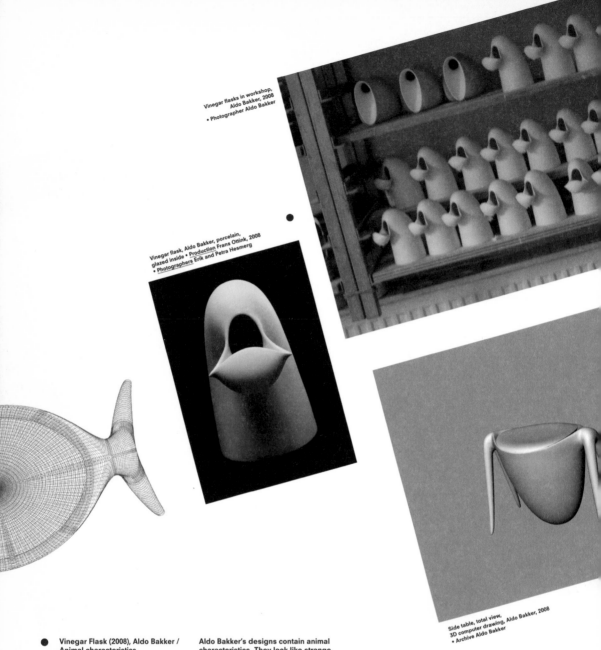

Vinegar flasks in workshop, Aldo Bakker, 2008
• Photographer Aldo Bakker

Vinegar flask, Aldo Bakker, porcelain, glazed inside • Production Frans Ottink, 2008 • Photographers Erik and Petra Hesmerg

Side table, total view, Aldo Bakker, 2008
3D computer drawing, Aldo Bakker
• Archive Aldo Bakker

● **Vinegar Flask (2008), Aldo Bakker / Animal characteristics**

De ontwerpen van Aldo Bakker dragen animale karakteristieken in zich. Het lijken vreemde autonome wezens, ontvlucht uit de schilderijen van Jeroen Bosch. Wezens die verwonderen, zoals de roze Side Table of de witporseleinen Vinegar Flask. De tentoonstelling 'Creatures. Studies for existence' in 2010 in Villa Noailles in Hyères, Frankrijk werd volledig opgebouwd rond het animale aspect van Aldo Bakkers ontwerpen.

Aldo Bakker's designs contain animal characteristics. They look like strange autonomous beings that have escaped from the paintings of Hieronymus Bosch. Creatures that surprise, such as the pink Side Table or the white porcelain Vinegar Flask. The exhibition 'Creatures. Studies for existence' in 2010 at Villa Noailles in Hyères, France was built entirely around the animal aspect of Aldo Bakker's designs.

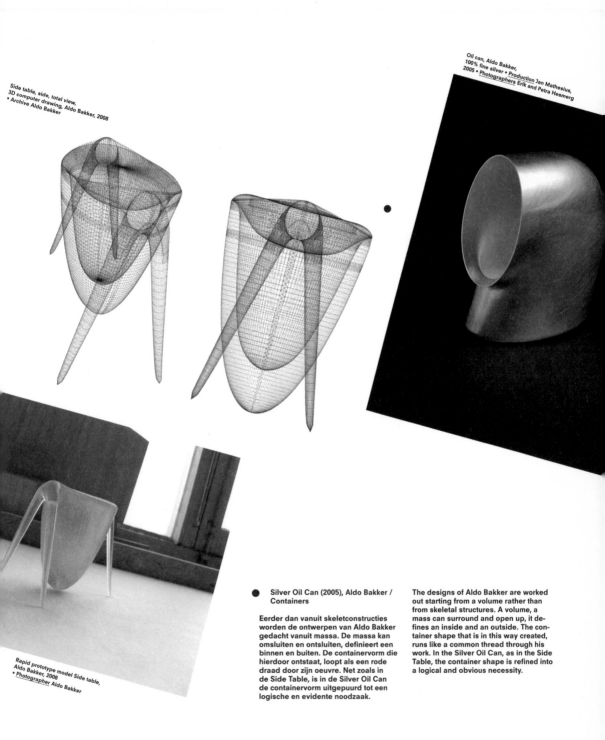

Side table, side, total view,
3D computer drawing, Aldo Bakker, 2008
• Archive Aldo Bakker

Oil can, Aldo Bakker,
100% fine silver • Production Jan Mathesius,
2005 • Photographers Erik and Petra Hesmerg

Rapid prototype model Side table,
Aldo Bakker, 2008
• Photographer Aldo Bakker

● **Silver Oil Can (2005), Aldo Bakker /
Containers**

Eerder dan vanuit skeletconstructies
worden de ontwerpen van Aldo Bakker
gedacht vanuit massa. De massa kan
omsluiten en ontsluiten, definieert een
binnen en buiten. De containervorm die
hierdoor ontstaat, loopt als een rode
draad door zijn oeuvre. Net zoals in
de Side Table, is in de Silver Oil Can
de containervorm uitgepuurd tot een
logische en evidente noodzaak.

The designs of Aldo Bakker are worked
out starting from a volume rather than
from skeletal structures. A volume, a
mass can surround and open up, it defines an inside and an outside. The container shape that is in this way created,
runs like a common thread through his
work. In the Silver Oil Can, as in the Side
Table, the container shape is refined into
a logical and obvious necessity.

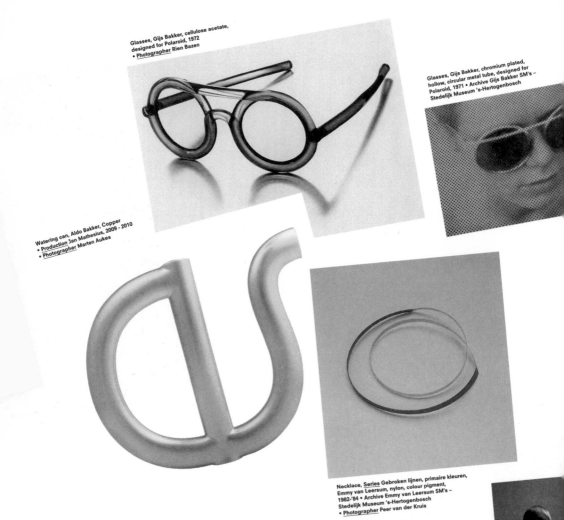

Glasses, Gijs Bakker, cellulose acetate, designed for Polaroid, 1972 • Photographer Rien Bazen

Glasses, Gijs Bakker, chromium plated, hollow, circular metal tube, designed for Polaroid, 1971 • Archive Gijs Bakker SM's – Stedelijk Museum 's-Hertogenbosch

Watering can, Aldo Bakker, Copper • Production Jan Mathesius, 2009 - 2010 • Photographer Marten Aukes

Necklace, Series Gebroken lijnen, primaire kleuren, Emmy van Leersum, nylon, colour pigment, 1982-'84 • Archive Emmy van Leersum SM's – Stedelijk Museum 's-Hertogenbosch • Photographer Peer van der Kruis

Emmy van Leersum with necklace, Series Gebroken lijnen, primaire kleuren, Emmy van Leersum, nylon, colour pigment, s.d. • Archive Emmy van Leersum SM's – Stedelijk Museum 's-Hertogenbosch • Photographer unknown

● Watering Can (2009-2010), Aldo Bakker / Glasses, Polaroid (1972), Gijs Bakker / Necklace Series Broken lines, primary colours (1982-84), Emmy van Leersum

In het ontwerp van de Watering Can van Aldo krijgt de lijn een dikte, waardoor ze de containerfunctie in zich draagt. Door een minimaal aantal ingrepen ontwikkelt de lijn zich tot een zuivere vorm. Ook in het brilontwerp voor Polaroid van Gijs is eenzelfde principe aanwezig: een rond kunststof profiel wordt in zijn totaliteit gebogen tot een vorm zonder extra verbindingselementen. Het is een formele logica die centraal staat in zijn ontwerpen. Ook bij Emmy wordt de lijn gematerialiseerd, bijvoorbeeld in de nylon banden die in een lus om de

hals kunnen worden gedragen. In hun lusvorm representeren deze sieraden de gematerialiseerde oneindigheid.

In the design of the Watering Can by Aldo, the line is given a width, and in this way adopts the function of a container. Through a minimal number of interventions, the line is developed into a pure form. The same principle is present in Gijs' Polaroid glasses design: a round plastic profile is bent into a curved shape without additional connecting elements. It is a formal logic, central to many of his designs. The line is also materialized in Emmy's work, for instance in the nylon straps that can be worn in a loop around the neck. The loop of these jewellery pieces represents the materialized infinity.

76

Legs and belly of the Side table,
Aldo Bakker, 2008
• Photographer Modelmakerij Groothuis

HET GRAM WAS IN DE EERSTE PLAATS
IN DE TAAK / KARAKTER, WAT
EN I WIL IK ZEGGEN MET VORM /
MPOSITIE.

Milling the PU foam of the Side table,
Aldo Bakker, 2008
• Photographer Modelmakerij Groothuis

Aldo Bakker, Amersfoort 1971

Mijn werk is het resultaat van een haast eindeloos, tijdrovend, zichzelf soms 'voortslepend' proces. Een proces dat zich voor het overgrote deel afspeelt in mijn hoofd. Van tussentijdse versies van mijn ontwerpen zijn weinig schetsen of modellen te vinden. Zelf zie ik mijn ontwerpen als het werk van een vormgever.

Tijdens mijn vormonderzoek ga ik 'lijdzaam gebukt' onder mijn eigen perfectionisme.
Niet eerder dan dat ik zelf mijn ontwerpen als 'autonoom wezen' beschouw, sta ik toe dat ze een fysieke gestalte krijgen.

Die 'fysieke' fase ontleent altijd zijn kwaliteiten aan een grondige studie van het gebruik. Uitkomsten van mijn onderzoek, die ik vervolgens combineer met mijn specifieke vormvoorkeur. Van 'wederkerigheid' is pas sprake, als de vorm die ontstaat, zelfstandig in staat is om het gebruik te beïnvloeden.

Mijn ontwerpen hebben de neiging, en zeker de ambitie, om een grotere hoeveelheid tijd te vragen van de gebruiker. De gekozen vormaspecten zijn voor mij de middelen om een 'time gap' te veroorzaken: aandacht van gebruikers voor de zachtheid versus het harde, volume tegenover gewicht(-eloosheid), kwetsbaarheid en transparantie versus constructie. Haptische waarnemingen die in onze maatschappij collectief worden genegeerd.

Door aandacht te richten op meerdere dimensies, doe ik een poging om 'met lichte dwang' een sfeer van openstelling voor de inhoud van mijn ontwerpen te bewerkstelligen. Immers, in producten als wijn, olijfolie of koffie zijn een grenzeloze hoeveelheid schakeringen te ontdekken, die net zoals mijn ontwerpen, in beleving, worden beïnvloed door variabelen als licht, tijd, sfeer & fase.

Methodology description, Aldo Bakker, s.d.
• Archive Aldo Bakker

Bringing all the parts together,
Side table, Aldo Bakker, 2008
• Photographer Modelmakerij Groothuis

Betekenisvol

Emmy, Gijs en Aldo zijn alle drie bezig met vormgeving, met 'design' in de verschillende betekenissen van het woord. <u>Emmy</u> in de betekenis van een adjectief: een plan is het startpunt van het ontwerp. Bij <u>Gijs</u> is de betekenis van design een werkwoord. Het product of het object is het resultaat van een intentie, van een specifiek doel. Met <u>Aldo</u> keert het design terug naar de wortels van zijn ontstaan. Hij geeft betekenis aan vormen. Hij laadt zijn dingen op met betekenissen. Etymologisch zelfs: design komt van het Latijnse 'signum', dat 'teken' betekent. Design betekent dus letterlijk betekenis geven. De taal die hij ontwikkelt om met ons te communiceren is gelaagd en open. Zijn dingen zijn niet eenduidig, maar wel duidelijk en ze bezitten een paradoxale eenvoud.

Meaningful

Emmy, Gijs and Aldo are all involved in creating forms, in 'design' in the various meanings of the word. <u>Emmy</u> in the sense of the adjective: a plan is the starting point of the design. With <u>Gijs</u>, the meaning of design is a verb. The product or item is the result of an intention, a specific purpose. <u>Aldo</u> takes the design back to the roots of its origin. He gives meaning to forms. He invests his objects with meanings. Even in the etymological sense: design comes from the Latin 'signum', which means 'character'. Design literally means to give meaning. The language he has developed to communicate with us is layered and open. His objects are not unambiguous, but they are clear and possess a paradoxical simplicity.

Notes in sketchbook, Aldo Bakker
• Archive Aldo Bakker

Side table before the urushi stage,
Aldo Bakker, 2008
• Photographer Modelmakerij Groothuis

Tri pod, Aldo Bakker,
PU foam with black urushi,
Urushi supplier Takuo Matsuzawa,
Production urushi Mariko Nishide,
Joboji Urushi Sangyo, 2008
• Photographer Wouter vanden Brink

Thierry De Cordier, Pseudo-seascapes, 1998-1999
• Book Thierry De Cordier, Dessins/Drawings,
Cabinet d'art graphique, Editions du Centre
Pompidou, Paris, 2004

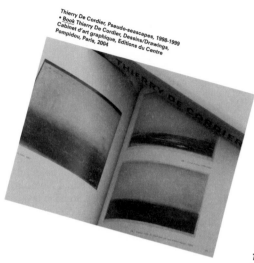

' Het "maken" is van heel grote betekenis bij alles wat ik doe. Ik heb heel veel geleerd van alles wat ik heb gemaakt. Mijn manier van kijken is mede hierdoor ontwikkeld. Ik heb heel veel sieraden gemaakt en dan leer je op een andere manier met een rechte of gebogen lijn om te gaan. Dat is voor mij van cruciale betekenis geweest. Door die ervaring kan ik nu beter in mijn hoofd ontwerpen. De stappen in mijn ontwerpproces zijn altijd heel kort; dikwijls worden er zelfs geen prototypes gemaakt. Dat denken is echt het allerbelangrijkste, dan zit alles al in het beeld vervat.'

' The "making" is of very great significance in everything I do. I learned so much from everything I've made. My way of looking at things has been developed through it. I have made a lot of jewellery and you learn to handle a straight or a curved line in a different way. That's been of crucial importance to me. Through this experience I can design better in my head. The steps in my design process are very short; often there are no prototypes even. That thinking is really most important, because everything is already contained in the image then.'

Aldo Bakker

Mariko Nishide working with urushi,
Side table, Aldo Bakker, 2008
• Photographer Aldo Bakker

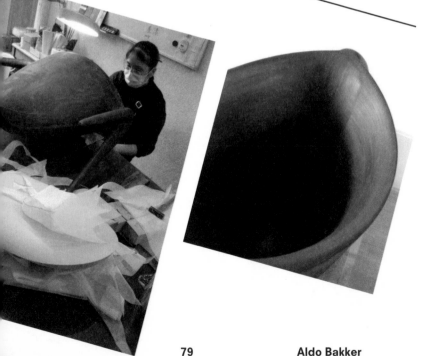

Urushi process, Side table,
Aldo Bakker, 2008
• Photographer Aldo Bakker

Aldo Bakker

Le lac, Tri pod, Side table, Exhibition SuperStories,
AldoBakker, Exhibition SuperStories,
Z33, Hasselt, 2009 • Archive Z33
• Photographer Kristof Vrancken

Aldo Bakker and Le lac,
urushi process, 2007
• Photographer unknown

Urushi process, Side table,
Aldo Bakker, 2008
• Photographer Aldo Bakker

Aldo Bakker   80

Side table, Aldo Bakker, PU foam, with lilac urushi,
Production urushi Mariko Nishide, <u>Urushi supplier</u>
Takuo Matsuzawa, Joboji Urushi Sangyo, 2008
• <u>Photographers Erik and Petra Hesmerg</u>

Biography

1930	Born in Hilversum
1958 — 1962	Instituut voor Kunstnijverheidsonderwijs, Amsterdam
1962 — 1963	Konstfack Skolan, Stockholm
1965	Starts, together with Gijs Bakker, the Atelier voor Sieraden in the Werfkelder, Oude Gracht, Utrecht
1966	Marries Gijs Bakker
1971	Birth of son Aldo
1972	Appointed chairwoman of the Projectgroep Sieraden 1972 Binnenland by the Ministry of C.R.M.
1979	Scholarship granted by the Stichting Materiaalfonds voor Beeldende Kunst, Amsterdam Awarded for a series of golden jewellery items
1980	Member of the Jury for the 1980 Françoise van den Bosch Award
1981 — 1984	Member of the Dutch Arts Council, Event and Publications Division
1983	Awarded Prize in the architecture competition Ongewoon Wonen organised by the Stichting De Fantasie, Almere for the Twee+Plus housing design (in association with Gijs Bakker), realized in 1984 Awarded the Herbert-Hofmann-Gedächtnispreis at the Internationale Schmuckschau, München State examiner at the Gerrit Rietveld Academy finals, Amsterdam
1984	Dies in Amersfoort
1986	Founding of the Emmy van Leersum Award for Applied Art by the Stichting Amsterdams Fonds voor de Kunst

Exhibitions (a selection)

1966	Galerie Swart, Amsterdam (together with Gijs Bakker)
1967	Sculpture to wear by Emmy van Leersum and Gijs Bakker, Ewan Philips Gallery, London Edelsmeden 3, Stedelijk Museum, Amsterdam
1969	Objects to wear (Gijs Bakker, Emmy van Leersum, Nicolaas van Beek) Gallery RG, Willemstad
1970	Kledingsuggesties en sieraden van Emmy van Leersum en Gijs Bakker, Plus Kern, Gent
1972	Objects to wear, Emmy van Leersum and Gijs Bakker, Electrum Gallery, London
1977	Sieraden, een keuze door Emmy van Leersum, Kunstcentrum Badhuis, Gorinchem
1979	Emmy van Leersum, sieraden en objecten 1964-1979, Stedelijk Museum, Amsterdam
1982	Jewellery Redefined. The First International Exhibition of Multi Media Non-precious Jewellery 1982, British Crafts Centre, London Toured Great-Britain, Germany, Belgium, Switzerland until 1984
1989	Ornamenta 1. Internationale Ausstellung zeitgenössischer Schmuckkunst, Schmuckmuseum Pforzheim
1993	Gebroken Lijnen Emmy van Leersum 1930-1984, monografie, Het Kruithuis, Stedelijk Museum voor Hedendaagse Kunst, 's-Hertogenbosch, traveling exhibition Ostend, Padova, Montréal

Bibliography (a selection)

1969   Objects to wear, Stedelijk Van Abbemuseum, Eindhoven,
        exhibition catalogue

1969   Sieraad '69, Het Kapelhuis, Amersfoort, exhibition catalogue

1970   Clothing suggestions by Emmy van Leersum and Gijs Bakker,
        Art & Project, Amsterdam, Art & Project Bulletin, #25

1972   Objects to wear. Experimental clothing and new jewellery.
        Emmy van Leersum and Gijs Bakker, Electrum Gallery, London

1974   Gijs Bakker. Emmy van Leersum, Groningen, exhibition catalogue

1979   Emmy van Leersum, Stedelijk Museum, Amsterdam, exhibition catalogue

1980   Emmy van Leersum, Richard Foncke Gallery, Gent, Foncke Editions,
        Vol. 7, November 1980

1982   Jewellery Redefined, British Crafts Centre, London, exhibition catalogue

1984   Emmy van Leersum. 'Gebroken Lijnen' Schmuck and Pullover,
        text by Egon Kuhn, Atelier Akut, Krefeld, Leaflet

1993   Broken Lines. Emmy van Leersum. Monograph, by Antje von Graevenitz
        and Gert Staal, Het Kruithuis, Stedelijk Museum voor Hedendaagse Kunst,
        's-Hertogenbosch

Biography

1942	Born in Amersfoort
1958 — 1962	Instituut voor Kunstnijverheidsonderwijs, Amsterdam
1962 — 1963	Konstfack Skolan in Stockholm, Industrial Design Department
1964 — 1966	Designer at Koninklijke Van Kempen & Begeer, Zeist
1965	Second Van den Rijn-prize for sculptures
1966	Marries Emmy van Leersum, with whom he opens the Atelier voor Sieraden (Jewellery Workshop) in Utrecht
1966 — 1986	Freelance designer; commissions from Polaroid, Castelijn, Artimeta, Artifort, Mellona and others
1968	Gold and Silver Medal Jablonec (together with Emmy van Leersum)
1971 — 1978	Lectures at Academie van Beeldende Kunsten, Design Department, Arnhem
1985 — 1987	Lectures at Delft Technological University
1987 — 1989	Partner in BRS Premsela & Vonk Design Firm, Amsterdam
	Since 1987 Professor at the Design Academy, Eindhoven
1988	Awarded Françoise van den Bosch Prijs
	Since 1989 Freelance designer, commissions from Verwoo, Hema, Bijenkorf, Mobach, Cor Unum, PTT, World Press Photo, Meccano Compagny, Castelijn, DMD and others
1992	Design adviser Cor Unum Ceramics, 's-Hertogenbosch
1993	Establishes practice in Amsterdam
	Founds Stichting Droog Design with Renny Ramakers
1994	Nomination Rotterdam Design Prize
1995	Awarded Prins Bernhard Fonds Prijs for Applied Arts and Architecture
	Nomination Rotterdam Design Prize
1996	Ra Award 1996
	Co-founds with Marijke Vallanzasca the Chi ha paura...?
	Foundation for jewellery designed by international young designers
2000	Droog Design receives Kho Liang Ie Prize
2007	Benno Premsela Award (for his work with Droog)
2009	Creative director for Yii Taiwan
	Leaves Droog Design
2010	Head of the Masters department, Design Academy Eindhoven

Exhibitions (a selection)

1967	Sculpture to wear by Emmy van Leersum and Gijs Bakker. Ewan Philips Gallery, London,
1977	Overzichtstentoonstelling Gijs Bakker, meubels en verlichting (Retrospective exhibition Gijs Bakker, furniture and lighting) (together with Bob Bonies and Benno Premsela). Gemeentelijke Van Reekumgalerij, Apeldoorn
1989	Solo voor een solist (Solo for a solist). Retrospective exhibition, Centraal Museum, Utrecht and Helen Drutt Gallery, New York
1993	Gatenproject (Holes project). Galerie Ra, Amsterdam
1995	Shot-project (for the occasion of the Prins Bernhard Fonds Prijs). Galerie Ra, Amsterdam
1998	Holysport / Shot. Galerie Ra, Amsterdam and KunstRai, Amsterdam
2001	I don't wear jewels, I drive them. Galerie Ra, Amsterdam and KunstRai, Amsterdam and Gallery Helen Drutt, Philadelphia
2003	Holysport' and I don't wear jewels. I drive them. Galeria Hipotesi, Barcelona
2005	Retrospective traveling exhibition Gijs Bakker and Jewelry, SM's, Stedelijk Museum 's-Hertogenbosch, 's-Hertogenbosch, Ostend, Padova, Philadephia, Munich
	Shot and Holysport Gallery Deux Poissons, Tokyo

2007	Project Rituals, jewellery collection by Chi ha paura...?, together with SM's 's-Hertogenbosch, presented in Milan, during International Furniture Fair.
2008	Real? exhibition at Galerie Ra, Amsterdam & Gallery Deux Poissons, Tokyo
2009	Designers on Jewellery: Twelve years of jewellery production by Chi ha paura...? publication & traveling exhibition
2010	Roomservice Gallery, Barcelona,
2010	Yii, Triennale Design Museum, Milan

Bibliography (a selection)

1970	Clothing suggestions by Emmy van Leersum and Gijs Bakker, Art & Project, Amsterdam, Art & Project Bulletin, #25
1972	Gijs Bakker – Emmy van Leersum, Liesbeth Hesselink, katalogus nr. 6, Amersfoort
1972	Objects to wear. Experimental clothing and new jewellery. Emmy van Leersum and Gijs Bakker, Electrum Gallery, London
1974	Gijs Bakker. Emmy van Leersum, Groningen, exhibition catalogue
1977	Overzichtstentoonstelling Gijs Bakker. Meubelontwerpen en verlichting. In : Katalogus Gemeentelijke Van Reekumgalerij, exhibition catalogue, Apeldoorn
1977	Gijs Bakker, Bob Bonies, Benno Premsela, Gemeentelijke van Reekumgalerij, Apeldoorn
1978	The Industrial Art of Gijs Bakker, Ralph Turner, exhibition catalogue Crafts Advisory Committee Gallery, London
1989	Gijs Bakker, vormgever. Solo voor een solist, Gert Staal, SDU, The Hague
1990	Teachers Work, AIVE, SDU, The Hague
1993	Cor Unum Ceramics, Preview, Renny Ramakers
1993	Holes Project, Renny Ramakers, exhibition catalogue
1995	Jewelry of our time, Helen Drutt and Peter Dormer, London
1997	Droog Design 1991-1996, Ida van Zijl, Utrecht
1998	Holysport, Yvonne Brentjens, exhibition catalogue
1998	Droog Design ? Spirit of the Nineties, Renny Ramakers and Gijs Bakker, Rotterdam
2000	Droog & Dutch Design, José Teunissen and Ida van Zijl, exhibition catalogue Centraal Museum, Utrecht / Ozone, Tokyo
2000	Objects to use, Ida van Zijl, Rotterdam
2002	Less + More, Droog Design in context, Renny Ramakers, Rotterdam
2002	Sense of Wonder, Chi ha paura... ?, Liesbeth den Besten, Museum Het Kruithuis, 's-Hertogenbosch
2004	Simply Droog, Renny Ramakers, Droog
2004	Gijs Bakker and Jewelry, monograph, Ida van Zijl, exhibition catalogue, SM's 's-Hertogenbosch
2008	Real? Catalogue, exhibition catalogue
2009	Designers on Jewellery : Twelve Years of Jewellery Production by Chi ha paura... ?, Liesbeth den Besten

Biography

1971	Born in Amersfoort
1987	First glass design
1988 — 1990	Manufacturer of jewellery and models for Gijs Bakker
1990 — 1991	Internship at glass studio Ed van Dijk in Arnhem
1992 — 1999	Manufacturer of jewellery and models for Willem Noyons Utrecht
1994	Start own company in Amsterdam
1999	Commission Restaurant Zuid Zeeland to design furniture and glassware
2001	Salone di Mobile Milano and Designersblock London
2002	Salone di mobile Milano, photography and interior 'Sense of Wonder' for Chi ha paura...?
	Start teaching at the Well-being department at the Design Academy Eindhoven
2003	Design of a plywood stool, selected for the Dutch Interior Design Fair
2006	Exhibition design Graduation Galleries for the Design Academy Eindhoven Object Rotterdam
2007	Exhibition design Graduation Galleries for the Design Academy Eindhoven
	Start teaching in the department Humanity Masters at the Design Academy Eindhoven
	Salone di Mobile, with silverware for Thomas Eyck, Milan
2008	First Prize for Glassware in category 'Industrial Design' at the European Glass Context in Bornholm, Denmark
2009	Object Rotterdam, presenting 'Porcelain tableware' for Thomas Eyck
	Maison et Objet, Paris
	Interior of Tefaf Maastricht for Frans Leidelmeier
	Salone di mobile Milan, presenting 'Porcelain tableware' for Thomas Eyck
	First Prize DDA with porcelain for category living
2010	Object Rotterdam, presenting Wine Glasses 'On feet' for Thomas Eyck
	Salone di Mobile Milan, presenting the 'Copper Collection' for Thomas Eyck and the 'Urushi Series' for Particles.
	ICFF New York, presenting 'Copper Collection', 'Porcelain tableware' and 'Silverware'
	Design Miami / Basel presenting 'Copper Collection' and 'Urushi Series'
	Nominated with the 'Copper Collection' for DDA.

Exhibitions

2000	Solo exhibition Gallery Binnen Amsterdam
2002	Exhibition in the Craft Council on Initiative of Bernadine Walrecht
2005	Taking part at the first triennal in Z33, Hasselt, Belgium
	Taking part at an exhibition with Dinie Besems at Gallery Binnen, Amsterdam
	Taking part at an exhibition for Stichting Sofa, presenting 'Tri-pod' black urushi, Utrecht
2009	Taking part at the 2nd triennal in Z33, Hasselt, Belgium
	Exhibition Still Life, Gallery Sofie Lachaert, Belgium
2010	Part of group exhibition Re and Act at Arti Amsterdam
	Part of Group exhibition ' Een Mooi Ding' at Museum Hilversum
	Exhibition at Villa Noailles, Hyères, France

Bibliography

2009 Portfolio Aldo Bakker. Ik trek me weinig aan van de tijdgeest, in : Items #3

2009 Aldo Bakker, belle apparence, in : Archistorm, nr. 37

2009 Function follows form, in : Frame, issue 69

2009 Let's Hear It for Quiet Design, in : The New York Times /
International Herald Tribune

2010 Cook up a treat, in : The Financial Times, 03/07/2010

2010 Bakker^2, in : DAMn° magazine #25

2010 Feuilleton, in : Neue Züricher Zeitung (internationale ausgabe), 16/06/2010

2010 Erupting beauty at a furniture show, in : The New York Times / International
Herald Tribune, Culture, 19/04/2010

2010 Future prossimo / near future, in : Inventario No. 01

2010 Aldo Bakker. Creatures. Studies for existence, Catherine Geel, Jan Boelen,
Herman Meijer, exhibition catalogue, Villa Noailles, Hyères

● Credits

Deze uitgave, een initiatief van en financieel mogelijk gemaakt door het Zuiderzeemuseum in Enkhuizen, verschijnt naar aanleiding van de gelijknamige tentoonstelling in het Zuiderzeemuseum van 30 oktober 2010 tot 15 mei 2011.

This publication, initiated and funded by the Zuiderzeemuseum in Enkhuizen, is published to accompany the exhibition with the same name at the Zuiderzeemuseum from 30 October 2010 to May 15, 2011.

Concept Jan Boelen
Auteur / Author Jan Boelen, in samenwerking met Evelien Bracke, Jan Boelen in cooperation with Evelien Bracke
Vertaling Nederlands-Engels / Translation into English by Michael Meert, art.english
Ontwerp / Design Geoffrey Brusatto
Druk / Printed by Die Keure, Brugge

Illustratie verantwoording / Illustration credits
Emmy van Leersum archive at SM's — Stedelijk Museum 's-Hertogenbosch; photography by Boudewijn Neuteboom, Peer van der Kruis, Eva Besnyö
Gijs Bakker archive at SM's — Stedelijk Museum 's-Hertogenbosch; photography by Rien Bazen, Hans van der Mars, Jos Fielmich, Gerard van Hees, Sjaak Ramakers, Mathilde Jurrissen, Jorge Fatauros, Joke Robaerd
Aldo Bakker — Photography by Erik and Petra Hesmerg, Wouter van den Brink, Marten Aukes, Maarten Willemstein

Movie director Rik Zang thanks his crew:
Joost Henderieckx, Bert Jonckheere, Julie Coppens, Fabien Ruysen, Bo Molderez, Antoine Vandendriesche, Koen Timmerman, Olivier Ognieux. His actors: Robert Hayden, James Kazama, Angelique Kaba. The Suppliers: Fuji Belgium, Studio L'equipe, Cqn, Fxbox, Spots Unlimited.

Jan Boelen dankt / thanks
Gijs and Aldo Bakker, Evelien Bracke, Brecht Duijf, Thomas Eyck, Sofie De Bakker, Anneleen Peeters and the team of Z33 in Hasselt, Michael Huyser, Kris Callens, Femke van Drongelen and the team of the Zuiderzeemuseum in Enkhuizen; Wil van Gils and the team of SM's — Stedelijk Museum 's-Hertogenbosch

This book is dedicated to Zora.

©2010
010 Publishers, Rotterdam
www.010.nl

ISBN 978-90-6450-744-1

Illustrations pp. 1-5
p. 1 — Drawing by Emmy van Leersum, s.d. • Archive Emmy van Leersum SM's — Stedelijk Museum 's-Hertogenbosch
pp. 2-3 — Drawing Glass-line by Aldo Bakker, 1998 • Archive Aldo Bakker
pp. 4-5 — Colour blots by Gijs Bakker, s.d. • Archive Gijs Bakker SM's — Stedelijk Museum 's-Hertogenbosch

Photographs pp. 89-96. The use, handling, and the relationship of the objects to the human body are shown in the photographs, created by director Rik Zang during the recording of the movie.